（第4辑）

笠翁对韵

文　景　编著

中国人口出版社
China Population Publishing House
全国百佳出版单位

前言

诗词和对联是中国古代重要的文学形式，至今仍具有强大的生命力。古代自幼童起，就开始这种文学修养的训练，对声调、音韵、格律等都有严格要求。因此，一些声律方面的著作便应运而生，清朝康熙年间李渔的《笠翁对韵》便是这样一种启蒙读物。李渔（1611～1680），清代戏曲理论家、作家。字笠鸿，又号笠翁，浙江兰溪人。代表作有剧本《笠翁十种曲》、小说《无声戏》以及艺术理论著作《闲情偶寄》等。

《笠翁对韵》与同时期车万育编写的《声律启蒙》在体例上基本相同，也按照平水韵平声三十韵分部编写，分上下两卷，每卷十五个韵部，每个韵部下各有二到四则对文，每则对文各有对句十对，分别有三字句、四字句、五字句、七字句等，不仅对仗工整，语言流畅，读起来朗朗上口，而且编排由简到繁，由易到难，符合教学实际情

况，非常科学。《笠翁对韵》内容丰富，涉及从诗词歌赋到哲学、宗教、历史、地理、风俗等多方面的知识信息，使儿童在得到诗词技巧训练的同时，还可以了解大量历史文化知识，是一部极好的诗文创作入门教材。但该书也存在一些缺点，最明显的是对仗水平低于《声律启蒙》，而且书中保留了一些封建时代内容，同时为适应吟诗作对讲究用典的需要，堆砌了很多典故，这是时代使然，虽不必苛求，却必须鉴别。

为了让更多少年朋友了解这部声律启蒙著作，我们对原作进行了精心编排：为方便诵读，原文采用大字注音；为帮助理解，原文中的生僻字词和历史典故都作了详细注释，每个韵目下的对文还选出一则典故或文化常识，以故事或解说的形式介绍给读者，从而使枯燥的阅读变得更加有趣。尤其值得一提的是，每则典故或文化常识还配有与之相关的原汁原味古代插画，或反映当时生活情境的文物，以尽量还原故事或文化常识所要表达的思想内涵。通过对《笠翁对韵》的阅读，不仅可以享受优美韵文的浸润，初步熟悉音韵格律，还可以了解更多的古典文化知识，可谓事半而功倍！

商代乳钉纹铜方鼎

王莽铸币
一刀平五千

上　卷

3　牛郎织女
5　商山早行
7　红叶题诗
9　安史之乱
11　泰　山
13　汉初三杰
15　高祖斩蛇
17　湘妃竹
19　夺锦袍
21　青袍白马
23　禹庙橘柚
25　博浪椎秦

27　苦肉计
29　不食周粟
31　妃子笑
33　学富五车
35　河图洛书
37　卞庄刺虎
39　荒亭进粥
41　完璧归赵
43　当垆卖酒
45　苏武牧羊
47　桐叶封弟
49　西门豹治邺
51　细柳式车
53　子路死卫
55　孟母三迁
57　李贺诗囊
59　学者马融
61　壶中天地
63　鸡肋
65　人间美景

新石器时代半坡文化小口尖底瓶

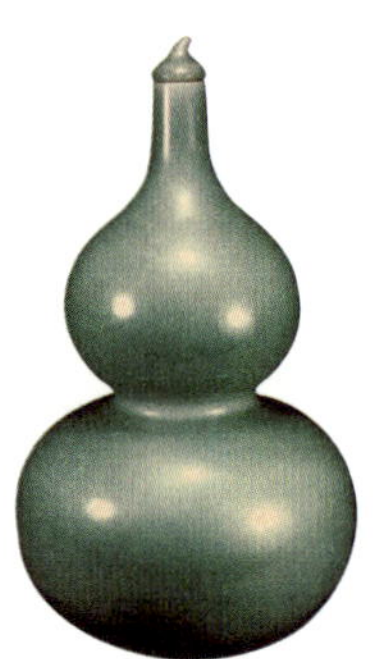
清乾隆豆青釉葫芦瓶

67 沧海桑田

69 商山四皓

71 东施效颦

73 名士山简

75 苏秦合纵

77 傅说兴殷

79 东山再起

81 堕泪碑

83 清官包拯

85 召伯甘棠

87 戏彩娱亲

清乾隆斗彩盖罐

89 大智帝舜

92 观棋烂柯

下 卷

95 不为五斗米折腰

97 金莲布地

99 世外桃源

101 精卫填海

北宋阴刻装饰枕头

103 渭水垂钓

105 诗画家王维

107 吹箫引凤

109 将相和

111 张禄念绨袍

113 埋两头蛇

115 张骞通西域

117 陈蕃悬榻

119 屈子行吟

121 汉相萧何

123 写经换鹅

125 安乐窝

127 嫦娥奔月

129 炼丹术

131 陆绩怀橘

133 圯上授书

柳毅传书故事镜

五代十国彩绘陶文官俑

135 温八叉
137 道韫咏絮
139 曲水流觞
141 黄粱一梦
143 分余光
145 纸上谈兵
147 三箭定天山
149 刘蕡刚直
151 梅妻鹤子
153 挂角读书
155 匠石运斤
157 夷门访贤

元剔红观瀑图八方盘

159 司马迁修《史记》
161 高山流水
163 鹦鹉洲的来历
165 昏夜辞金
167 七擒七纵
169 贾岛推敲
171 老子出关
173 范蠡归隐

清雍正珐琅彩雉鸡牡丹碗

175 仁德传家
177 一字之师
179 三监之乱
181 击鼓骂曹
184 三缄其口

明嘉靖五彩西游记故事图罐

上卷

明周之冕绘《荷花图》

原文

yī dōng
一 冬

tiān duì dì yǔ duì fēng dà lù duì chángkōng
天对地，雨对风。大陆对长空❶。

shānhuā duì hǎi shù chì rì duì cāngqióng
山花对海树❷，赤日对苍穹❸。

léi yǐn yǐn wù méngméng rì xià duì tiānzhōng
雷隐隐❹，雾蒙蒙。日下对天中❺。

fēnggāo qiū yuè bái yǔ jì wǎn xiá hóng
风高秋月白❻，雨霁晚霞红❼。

niú nǚ èr xīng hé zuǒ yòu shēnshāngliǎng yào dǒu xī dōng
牛女二星河左右❽，参商两曜斗西东❾。

shí yuè sài biān sà sà hánshuāng jīng shù lǚ
十月塞边，飒飒寒霜惊戍旅❿；

sān dōngjiāngshàng mànmànshuò xuě lěng yú wēng
三冬江上，漫漫朔雪冷渔翁⓫。

明程大约编绘《程氏墨苑》卷二《玄工下》中的参星插图

注释

❶长空：辽阔的天空。❷海树：海里的树，即珊瑚。❸苍穹：苍天。❹隐隐：隐约，不分明。❺天中：天的中央。❻风高：风大。❼霁：雨或雪停后天色转晴。❽牛女二星：牵牛星和织女星。河：银河，晴天夜空中出现的像河一样的银白色光带。❾参商：参星和商星，是二十八星宿中的两宿。参星居西方，商星在东方，此出彼没，不同

时在天空出现，故以“参商”喻友人不得相见或彼此对立。曜：星。斗：二十八星宿中的斗宿。⑩塞边：要塞周围。飒飒：形容风吹动枝叶的声音。戍旅：驻守边疆的军队。⑪三冬：冬季有三个月，故称三冬。漫漫：广阔无边。朔：北方。

清费丹旭绘《织女图》

故事

牛郎织女

传说织女是天帝的孙女，心灵手巧，织出的云锦天衣绚丽夺目。织女羡慕人间生活，偷偷爱上英俊的牛郎。天帝责怪织女违背天条，让织女和牛郎化为天上的两颗星星，中间用天河隔开，只在每年农历七月七日才让他们跨过天河相见。这一天，众多喜鹊飞到天河之上，架起鹊桥，让饱受相思之苦的夫妻团聚。这天晚上，人间的妇女在月光下把五彩线穿在有七个空的缝针上，拜请织女赐福，求得巧手。如果有小蜘蛛爬到瓜果上吐丝结网，人们便认为是织女显灵了。

天津杨柳青年画《天河配》，描绘牛郎带着两个孩子与织女相会的场景

原文

hé duì hàn lǜ duì hóng yǔ bó duì léi gōng
河对汉❶，绿对红。雨伯对雷公❷。

yān lóu duì xuě dòng yuè diàn duì tiān gōng
烟楼对雪洞❸，月殿对天宫❹。

yún ài dài rì tóng méng là jī duì yú péng
云叆叇❺，日曈曚❻。蜡屐对渔篷❼。

guò tiān xīng sì jiàn tǔ pò yuè rú gōng
过天星似箭❽，吐魄月如弓❾。

yì lǚ kè féng méi zǐ yǔ chí tíng rén yì ǒu huā fēng
驿旅客逢梅子雨❿，池亭人挹藕花风⓫。

máo diàn cūn qián hào yuè zhuì lín jī chàng yùn
茅店村前，皓月坠林鸡唱韵⓬；

bǎn qiáo lù shàng qīng shuāng suǒ dào mǎ xíng zōng
板桥路上，青霜锁道马行踪⓭。

民国徐操绘《猪首雷公图》

注释

❶河：黄河。汉：汉水。❷雨伯、雷公：古代神话传说中的雨神和雷神。❸烟楼：耸入云霄的高楼。❹月殿：月中的宫殿。天宫：天帝的宫殿。❺叆叇：云气浓密的样子。❻曈曚：太阳将出天色微明的样子。❼蜡屐：涂有蜡的鞋。❽过天：指流星划过天空。❾吐魄：古人认为月亮中有蟾蜍，月的圆缺是由它反复吞吐造成的。魄，指月初生或将没时如弓状的微光。❿驿旅：驿站供往来人员住宿的屋舍。梅子雨：即梅雨，春末夏初江淮流域持续较长的阴雨天气。因正值梅子成熟

时节，故称。⑪挹：汲取。藕花：荷花。⑫茅店：用茅草盖成的旅社。鸡唱韵：鸡富有韵律地啼叫。⑬青霜：青白色的霜，秋霜。锁道：覆满道路。

佚名绘《月宫图》

解说

商山早行

《商山早行》是唐代诗人温庭筠的传世之作，形象地勾勒出一幅早行所见景象，真切地反映了行人在旅途中的思乡之情。诗中写道：清晨驿店外传来车马行进的铃铛声，人在旅途难免时常思念故乡。鸡叫声从月下的茅草屋中传出，人的足迹印在铺满白霜的桥上。枯黄的槲（hú）叶飘落在山路上，雪白的枳（zhǐ）树花开放在驿店的墙角边。忆起昨夜梦里回到故乡长安，也许远道归来的野鸭和大雁已经挤满了池塘。该诗三、四句极富特色，选取六种有特征的典型景物，用名词组成的诗句写出早行的特有景色，历来脍炙人口。

清袁耀绘《山水人物图》，描绘温庭筠《商山早行》“鸡声茅店月，人迹板桥霜”诗意

原文

shān duì hǎi　huà duì sōng　sì yuè duì sān gōng
山对海，华对嵩❶。四岳对三公❷。

gōng huā duì jìn liǔ　sài yàn duì jiāng lóng
宫花对禁柳❸，塞雁对江龙。

qīng shǔ diàn　guǎng hán gōng　shí cuì duì tí hóng
清暑殿❹，广寒宫❺。拾翠对题红❻。

zhuāng zhōu mèng huà dié　lǚ wàng zhào fēi xióng
庄周梦化蝶❼，吕望兆飞熊❽。

běi yǒu dāng fēng tíng xià shàn　nán lián pù rì shěng dōng hōng
北牖当风停夏扇❾，南帘曝日省冬烘❿。

hè wǔ lóu tóu　yù dí nòng cán xiān zǐ yuè
鹤舞楼头，玉笛弄残仙子月⓫；

fèng xiáng tái shàng　zǐ xiāo chuī duàn měi rén fēng
凤翔台上，紫箫吹断美人风⓬。

注释

❶华：华山，五岳中的西岳，位于陕西华阴市南。嵩：嵩山，五岳中的中岳，位于河南登封市北。❷四岳：传说尧、舜、禹时代的四方诸侯之长。三公：古代天子以下地位最高的三位官员。❸宫花：皇宫中的花。禁柳：宫廷

元刘贯道绘庄周《梦蝶图》，描绘庄子梦见自己化作蝴蝶的场景

清殿藏本姜尚画像

中的柳树。❹清暑殿：宫殿名，东晋孝武帝在都城建康（今江苏南京）所建。❺广寒宫：月中仙宫。❻拾翠：拾取翠鸟的羽毛以为首饰。题红：红叶题诗的故事。❼庄周梦化蝶：庄周在梦中幻化为蝴蝶，比喻人生的变化无常。❽吕望：即姜尚，曾辅佐武王灭商。兆飞熊：传说周文王梦见飞熊，第二天便在渭水边见到姜尚。后以“飞熊”喻君主得贤的征兆。❾牖：窗户。当风：正对着风。❿曝日：晒太阳。冬烘：冬天烧火取暖。⓫弄：吹奏。残：残月。⓬美人：指弄玉，此句化自吹箫引凤典故。

故事

红叶题诗

唐宣宗时，书生卢渥（wò）到京城参加科举考试。一天，他在皇宫附近游玩时，看见从御沟中漂出一片红叶。他捞起红叶，发现上面题着一首字迹清秀的诗：“流水何太急，深宫尽日闲。殷勤谢红叶，好去到人间。”卢渥十分喜欢，于是把红叶收藏起来。卢渥这次科考中第，做了一名朝官。后来，皇宫允许一些宫女离宫嫁人，卢渥选中一位，成婚之后，发现新娘就是当年在红叶上题诗的那位宫女，此事一时传为佳话。

明唐寅款《红叶题诗图》

原文

èr dōng
二 冬

chén duì wǔ xià duì dōng xià xiǎng duì gāo chōng
晨对午，夏对冬。下饷对高舂❶。

qīngchūn duì bái zhòu gǔ bǎi duì cāngsōng
青春对白昼❷，古柏对苍松。

chuídiào kè hè chú wēng xiān hè duì shénlóng
垂钓客，荷锄翁❸。仙鹤对神龙❹。

fèngguān zhū shǎnshuò chī dài yù línglóng
凤冠珠闪烁❺，螭带玉玲珑❻。

sān yuán jí dì cái qiānqǐng yì pǐn dāngcháo lù wànzhōng
三元及第才千顷❼，一品当朝禄万钟❽。

huā è lóu jiān xiān lǐ pán gēn tiáo guó mài
花萼楼间，仙李盘根调国脉❾；

chénxiāng tíng pàn jiāo yángshànchǒng qǐ biānfēng
沉香亭畔，娇杨擅宠起边风❿。

注释

❶下饷：下午进食，借指下午。高舂：傍晚时分。因傍晚时分百姓开始舂米做饭，故称。❷青春：春天。❸荷：扛，背。❹神龙：相传龙变化莫测，故称神龙。❺凤冠：古代贵族妇女所戴的礼帽，上有用金玉制成凤凰形状的装饰。❻螭带：饰有螭纹的玉带。螭，古代传说中没有角的龙。玲珑：精巧细致。❼三元及第：古代科举考试，乡试第一称解元，会试第

“一品当朝，状元及第”花钱

明人绘唐玄宗画像

一称会元，殿试第一称状元，连续考三个第一，就是三元及第。才千顷：才学有千顷之广。❽一品当朝：当政的宰相。禄万钟：优厚的俸禄。钟，古代容量单位。❾花萼楼：即花萼相辉之楼，唐玄宗时建于长安兴庆宫西南。仙李盘根：李姓皇族子孙繁衍，江山永固。调国脉：调理国家命脉，指治国。❿沉香亭：唐代皇宫中的一座亭子。擅宠：独受宠爱。起边风：边疆掀起风波，指安史之乱。

故事

安史之乱

唐玄宗后期，专宠杨贵妃，任用奸臣，导致社会矛盾激化。公元755年冬，安禄山以诛杨国忠为名，在范阳（今北京）起兵，部将史思明也协同叛乱。叛军击败唐军，攻下洛阳，次年攻入长安，唐玄宗逃往蜀中。叛军所至残暴，激起百姓和地方官吏的坚决抵抗。郭子仪、李光弼（bì）大败史思明，切断洛阳与范阳叛军之间的联系。叛军不能首尾相顾，内部矛盾重重，自相残杀，至公元763年，叛乱平定。安史之乱历时七年，对经济破坏巨大，唐朝从此由盛转衰。

明臧懋循编《元曲选图》之《安禄山反叛兵戈举》，描绘安禄山举兵叛乱的场景

原文

qīng duì dàn　bó duì nóng　mù gǔ duì chénzhōng
清对淡，薄对浓。暮鼓对晨钟❶。

shānchá duì shí jú　yān suǒ duì yún fēng
山茶对石菊❷，烟锁对云封❸。

jīn hàn dàn　yù fú róng　lǜ qǐ duì qīngfēng
金菡萏❹，玉芙蓉❺。绿绮对青锋❻。

zǎo tāngxiān sù jiǔ　wǎn shí jì zhāoyōng
早汤先宿酒❼，晚食继朝饔❽。

táng kù jīn qiánnéng huà dié　yán jīn bǎo jiàn huì chénglóng
唐库金钱能化蝶❾，延津宝剑会成龙❿。

wū xiá làngchuán　yún yǔ huāngtángshén nǚ miào
巫峡浪传，云雨荒唐神女庙⓫；

dài zōng yáo wàng　ér sūn luó liè zhàng rén fēng
岱宗遥望，儿孙罗列丈人峰⓬。

清郎世宁绘《石竹图》

注释

❶暮鼓、晨钟：寺庙中早晚报时的钟鼓之声。佛教规定，寺庙中晚上击鼓，早晨敲钟。❷石菊：花名，又名石竹、绣竹。❸烟锁：烟雾笼罩。云封：云雾封锁。❹金菡萏：金色的荷花花苞。❺玉芙蓉：白色的荷花。❻绿绮：古琴名，相传为汉代司马相如所用之琴。青锋：剑名，因剑身寒光闪烁，锋芒毕露，故称。❼早汤：早上的醒酒汤。宿酒：宿醉，过夜尚未全醒的余醉。❽朝饔：早饭。❾唐库金钱能化蝶：唐穆宗时，宫中牡丹开放，夜间引

来无数蝴蝶，穆宗命人捕捉数百只，天亮却发现是府库中金钱变成的。⑩延津宝剑会成龙：西晋初年，雷焕所佩宝剑在延津化为龙的传说。⑪“巫峡浪传”句：意为人们妄传在巫峡神女庙中发生过的男女幽情。浪传：空传。⑫“岱宗遥望”句：意为远望泰山，众多小山环绕在丈人峰下。岱宗：即泰山。丈人峰：泰山的一座山峰，形状像一个弯腰的老人。

清顾沅辑《古圣贤像传略》中的雷焕画像

解说

泰山

清唐岱绘《泰岳苍松图》

泰山，古称东岳，也称岱山、岱宗，山体高大，形象雄伟，山势陡峻，主峰突兀，山峦叠嶂（zhàng），气势非凡。泰山自古就被视为社稷（jì）稳定、政权巩固和国家昌盛的象征，历代帝王常在泰山举行封禅（shàn）大典。泰山是佛教、道教之地，山上名胜古迹众多，有南天门、日观峰、黑龙潭、王母池、碧霞祠等。岱顶有旭日东升、晚霞夕照、黄河金带、云海玉盘等奇观。古人以东方为万物交替、初春发生之地，故泰山有“五岳之长”、“五岳独尊”之誉。

fán duì jiǎn　dié duì chóng　yì lǎn duì xīn yōng
繁对简，叠对重。意懒对心慵❶。

xiānwēng duì shì bàn　dào fàn duì rú zōng
仙翁对释伴❷，道范对儒宗❸。

huā zhuózhuó　cǎo róngróng　làng dié duì kuángfēng
花灼灼❹，草茸茸❺。浪蝶对狂蜂❻。

shù gān jūn zǐ zhú　wǔ shù dà fū sōng
数竿君子竹❼，五树大夫松❽。

gāo huáng miè xiàng píng sān jié　yú dì chéng yáo jí sì xiōng
高皇灭项凭三杰❾，虞帝承尧殛四凶❿。

nèi yuàn jiā rén　mǎn dì fēngguāng chóu bú jìn
内苑佳人，满地风光愁不尽⓫；

biānguān guò kè　lián tiān yān cǎo hàn wú qióng
边关过客，连天烟草憾无穷⓬。

清吴历绘《人物故事图册》之一，讲述秦始皇登临泰山，封“五大夫松”的故事

注释

❶意懒：意志消沉。心慵：心意懒散。❷仙翁：老神仙。释伴：一起修行的佛教徒。❸道范：道家的典范。儒宗：儒者的宗师。❹灼灼：鲜艳明亮的样子。❺茸茸：柔细浓密的样子。❻浪蝶、狂蜂：上下翻飞的蝴蝶，肆意飞舞的黄蜂。比喻轻薄放荡的男子。❼君子竹：古人认为，竹子劲节虚心，有君子之德，故称。❽大夫松：秦始皇登泰山，遇暴风雨，在

一棵松树下避雨，后封该松为“五大夫”。❾高皇灭项凭三杰：刘邦打败项羽，依仗的是张良、萧何和韩信三人。❿虞帝承尧殛四凶：传说，尧年老时把帝位让给舜，舜流放诛杀了四个恶名昭著的部族首领共工、驩兜、三苗、鲧。⓫内苑：皇宫内的庭园，也指皇宫之内。⓬烟草：远望如轻烟笼罩的蔓草。憾：遗憾，不愉快。

故事

汉初三杰

“汉初三杰”指的是张良、萧何与韩信，他们在汉朝建立中发挥了重要作用。刘邦在汉朝建立后，与功臣们一起喝酒，说到自己能夺取天下的原因时，讲道：“在帷帐之中筹划谋略，决定千里之外战争的胜利，我不如张良；镇守后方，安抚百姓，供应粮草，使粮道保持畅通，我不如萧何；统领百万军队，战必胜，攻必取，我不如韩信。这三个人都是人中的豪杰，我能够重用她们，所以得到了天下。”

清人绘张良画像

清殿藏本韩信画像

原文

sān jiāng
三江

jī duì ǒu　zhī duì shuāng　dà hǎi duì cháng jiāng
奇对偶❶，只对双。大海对长江。

jīn pán duì yù zhǎn　bǎo zhú duì yín gāng
金盘对玉盏，宝烛对银釭❷。

zhū qī jiàn　bì shā chuāng　wǔ diào duì gē qiāng
朱漆槛❸，碧纱窗❹。舞调对歌腔❺。

xīng hàn tuī mǎ wǔ　jiàn xià zhù lóng páng
兴汉推马武❻，谏夏著龙逄❼。

sì shōu liè guó qún wáng fú　sān zhù gāo chéng zhòng dí xiáng
四收列国群王伏❽，三筑高城众敌降❾。

kuà fèng dēng tái　xiāo sǎ xiān jī qín nòng yù
跨凤登台，潇洒仙姬秦弄玉❿；

zhǎn shé dāng dào　yīng xióng tiān zǐ hàn liú bāng
斩蛇当道，英雄天子汉刘邦⓫。

清张士保绘《云台二十八将图》中的马武画像

注释

❶奇：单数。偶：双数。❷宝烛：蜡烛的美称。银釭：银制的灯盏、烛台。❸槛：栏杆。❹碧：青绿色。❺舞调：伴舞的曲调。歌腔：唱歌的腔调。❻马武：字子张，南阳湖阳（今河南唐河）人，追随刘秀平定河北，是东汉开国功臣之一。❼龙逄：即关龙逄，也作关龙逢。夏桀臣子，因

向夏桀进谏，被囚禁杀害。❽四收列国群王伏：北宋初年，大将曹彬平定南唐、西蜀、南汉、北汉各国，协助宋太祖统一天下。❾三筑高城众敌降：唐中宗时，大将张仁愿任朔方军总管，在黄河北岸筑三座受降城，使突厥人不敢南侵。❿“跨凤登台”句：指吹箫引凤的典故。⓫“斩蛇当道”句：汉高祖刘邦斩蛇起义，推翻秦朝的典故。

清人绘曹彬画像

故事

高祖斩蛇

刘邦担任秦国亭长时，一次因未能完成上级交付的任务，与十多位壮士一起逃走。夜晚，刘邦喝了酒，在泽旁的小道行走，命一人前去探路。探路人回来报告说：“前面有大蛇挡在路中间，我们往回走吧！”刘邦因为醉酒，说道：“壮士前行，有什么可怕的！”于是拔剑上前，将蛇砍为两截。此举让同行的人对刘邦极为佩服，刘邦的威信也越来越高。刘邦具有普通人不具备的胆量，所以文中称他为“英雄天子”。

清吴友如绘《古今人物图》中的《高祖斩蛇》图

原文

yán duì mào　xiàng duì páng　bù niǎn duì tú gāng
颜对貌❶，像对庞❷。步辇对徒杠❸。

tíng zhēn duì gē zhú　yì lǎn duì xīn xiáng
停针对搁竺❹，意懒对心降❺。

dēng shǎn shǎn　yuè chuáng chuáng　lǎn pèi duì fēi shuāng
灯闪闪，月幢幢❻。揽辔对飞艭❼。

liǔ dī chí jùn mǎ　huā yuàn fèi cūn máng
柳堤驰骏马，花院吠村尨❽。

jiǔ yùn wēi tuó qióng xìng jiá　xiāng chén mò yìn yù lián shuāng
酒晕微酡琼杏颊❾，香尘没印玉莲双❿。

shī xiě dān fēng　hán nǚ yōu huái liú yù shuǐ
诗写丹枫，韩女幽怀流御水⓫；

lèi tán bān zhú　shùn fēi yí hàn jī xiāng jiāng
泪弹斑竹，舜妃遗憾积湘江⓬。

注释

❶颜：面容。❷庞：面庞。❸步辇：古代皇帝乘坐用人抬的代步工具，类似轿子。徒杠：只可容人步行通过的小桥。❹停针：停止刺绣。搁竺：放下箫笛。竺，通“竹”，指箫笛之类的乐器。❺心降：内心悦服。❻幢幢：晃动的样子。❼揽辔：挽住马缰绳。辔：驾驭牲口用的嚼子。飞艭：飞快地划船。艭：小船。❽尨：长毛狗。❾酒晕：酒后脸上现出的红晕。酡：饮酒后脸色发红。琼杏颊：美女像白玉红杏般的脸颊。❿香尘没印玉莲双：西晋石崇豪富骄奢，曾布香尘于地，

唐吴道子绘《步辇图》（局部）

让婢妾在上行走，以试鞋底大小。⑪“诗写丹枫”句：红叶题诗的另一个版本，讲述于祐与韩夫人的故事。⑫“泪弹斑竹”句：湘妃竹的典故。

清华嵒绘《金谷园图》，描绘西晋石崇金谷园的奢华生活

故事

湘妃竹

传说上古时，尧帝的两个女儿娥皇、女英嫁给帝舜。一次，帝舜到南方巡行，娥皇、女英也跟着来到湘水。不久，帝舜去世，葬在苍梧山（今湖南九嶷山）。娥皇、女英痛不欲生，望着南方的苍梧山哭泣，眼泪洒在竹林里，竹叶上从此便留下斑斑点点的泪痕，人们把这种竹子称为“湘妃竹”。后来，娥皇、女英投江自尽，成为女神，出没在潇湘水畔。传说她们出现时，必定有狂风暴雨伴随，还会有许多怪神、怪鸟在风中鸣叫。

清禹之鼎绘《双英图》，即娥皇、女英画像

原文

四支

泉对石，干对枝❶。吹竹对弹丝❷。
山亭对水榭❸，鹦鹉对鸬鹚❹。
五色笔❺，十香词❻。泼墨对传卮❼。
神奇韩幹画❽，雄浑李陵诗❾。
几处花街新夺锦❿，有人香径淡凝脂⓫。
万里烽烟，战士边头争保塞⓬；
一犁膏雨，农夫村外尽乘时⓭。

注释

❶干：植物的主干。❷吹竹：吹奏箫笛一类的管乐器。弹丝：弹奏琵琶、琴瑟一类的弦乐器。❸水榭：建筑在水边供人休憩的亭阁。❹鸬鹚：一种善于捕鱼的水鸟，俗称鱼鹰。❺五色笔：南朝梁江淹文采出众，晚年做梦把一支五色笔还给郭璞后，再也作不出好文章。“江郎才尽”成语即源于此。❻十香词：辽道宗皇后萧观音才貌双全，耶律乙辛忌恨她，假造艳诗《十香词》诬陷她与人私通。辽

明林郊绘《鸬鹚图》

唐韩幹绘《照夜白图》

道宗不察，逼皇后自尽。❼泼墨：用笔蘸墨大片洒在纸上或绢上。传卮：依次传递酒杯。❽韩幹：唐代画家，擅画人物、鬼神，尤其擅长画马。❾李陵：西汉名将李广的孙子，汉武帝时任骑都尉，在与匈奴作战时兵败被俘。❿夺锦：夺锦袍的典故。⓫香径：花丛间的小路。凝脂：凝固的油脂，比喻皮肤洁白细嫩。⓬烽烟：烽火台报警的烟。边头：边疆。⓭膏雨：滋润农作物的好雨。乘时：利用有利时机。

故事

夺锦袍

唐朝人宋之问曾官任考功员外郎，又是一个诗人，作诗讲究音韵对仗，文辞华丽，与另一著名诗人沈佺（quán）期并称“沈宋”。一天，武则天率众人游览洛阳城南的龙门石窟，命令随行的大臣们赋诗助兴。左史官东方虬（qiú）最先写成，武则天赐给他一件锦袍，以示嘉奖。过了一会儿，宋之问的诗也写好了，武则天看后赞叹不已，便下令把赐给东方虬的那件锦袍收回来，转赐给宋之问。后来人们以“夺锦”指在竞赛中获胜，而以“夺锦才”指才华出众的人才。

清周慕桥绘《文成夺赏图》，描绘武则天赏赐宋之问锦袍的情景

原文

zū duì hǎi　fù duì shī　diǎn qī duì miáo zhī
菹对醢❶，赋对诗❷。点漆对描脂❸。

fán zān duì zhū lǚ　jiàn kè duì qín shī
璠簪对珠履❹，剑客对琴师。

gū jiǔ jià　mǎi shān zī　guó sè duì xiān zī
沽酒价❺，买山资❻。国色对仙姿。

wǎn xiá míng sì jǐn　chūn yǔ xì rú sī
晚霞明似锦，春雨细如丝。

liǔ bàn cháng dī qiān wàn shù　huā héng yě sì liǎng sān zhī
柳绊长堤千万树❼，花横野寺两三枝。

zǐ gài huáng qí　tiān xiàng yù zhān jiāng zuǒ dì
紫盖黄旗，天象预占江左地❽；

qīng páo bái mǎ　tóng yáo zhōng yìng shòu yáng ér
青袍白马，童谣终应寿阳儿❾。

注释

❶菹：腌菜。醢：肉酱。❷赋：古代的一种文体，是韵文和散文的综合体，盛行于汉魏六朝时期。❸点漆：点上黑漆，形容眼珠乌黑发亮。描脂：涂抹胭脂。❹璠簪：美玉制成的簪。珠履：用珍珠装饰的鞋。❺沽酒价：晋名士阮修性情孤傲，常以百钱挂杖头，到酒店买酒独饮。❻买山资：东晋僧人支遁向深公买仰山之侧小岭隐居，遭深公嗤笑。❼绊长堤：像拴缚在长堤上一样。❽“紫盖黄旗”句：三国末年，有术士说黄旗紫盖见于斗牛之间，江东有天子

清任伯年绘《支遁爱马图》

气。❾“青袍白马”句：南朝时有童谣说：“青袍白马寿阳儿。”不久，侯景发动叛乱，叛军身穿青袍，侯景骑白马，应了童谣之语。

故事

青袍白马

清人绘梁武帝萧衍画像

相传南朝梁武帝时，山西大同一带流传着“青袍白马寿阳儿”的童谣。侯景曾为东魏大将，后归附梁朝，被封为“河南王”。公元547年，侯景在涡（guō）阳作战失败，奔到寿阳。当时朝廷给了侯景不少青布，侯景把它们都做成了袍子。而且侯景还专门骑乘白马，用青丝为缰绳，为的是与童谣中的内容相应和，这也反映了侯景要谋取帝位的野心。不久，侯景发动叛乱，在寿阳起兵，攻入建康城，困死梁武帝。随后挥兵南下，所到之处，烧杀抢掠，使以富庶闻名的三吴地区遭到空前破坏。

侯景画像，侯景曾发动叛乱，尽杀世族，给南朝经济造成极大破坏

原文

zhēn duì zàn fǒu duì zhī yíngzhào duì cán sī
箴对赞①，缶对卮②。萤熠对蚕丝③。

qīng jū duì cháng xiù ruì cǎo duì líng zhī
轻裾对长袖④，瑞草对灵芝⑤。

liú tì cè duànchǎng shī hóu shé duì yāo zhī
流涕策⑥，断肠诗⑦。喉舌对腰肢。

yún zhōngxióng hǔ jiàng tiān shàngfènghuáng ér
云中熊虎将⑧，天上凤凰儿⑨。

yǔ miàoqiānniánchuí jú yòu yáo jiē sān chǐ fù máo cí
禹庙千年垂橘柚⑩，尧阶三尺覆茅茨⑪。

xiāng zhú hán yān yāo xià qīng shā lǒng dài mào
湘竹含烟，腰下轻纱笼玳瑁⑫；

hǎi táng jīng yǔ liǎn biānqīng lèi shī yān zhī
海棠经雨，脸边清泪湿胭脂。

清人绘《历代名臣像解》中的贾谊画像

注释

①箴：劝告，劝诫。②缶：古代一种腹大口小的瓦器。卮：古代一种盛酒的器皿。③萤熠：萤火虫发出的光。④轻裾：丝制华服的衣襟。⑤瑞草：表示吉祥征兆的草。灵芝：珍贵药材，古人认为是一种瑞草。⑥流涕策：指西汉贾谊的《治安策》，又名《陈政事疏》。⑦断肠诗：宋代女诗人朱淑真遭遇不幸，自哀身世，将诗集命名为《断肠集》。⑧云中熊虎将：西汉名将魏尚任云中郡太守时，匈奴畏惧远避。⑨天上凤凰儿：语出汉民歌《陇西行》，为赞美他人儿子的话。⑩禹庙千年垂橘柚：语出杜甫《禹庙》诗：

“荒庭垂橘柚，古屋画龙蛇。”⑪尧阶三尺覆茅茨：尧生活简朴，以土为阶，以茅为屋。⑫湘竹：湘妃竹。玳瑁：爬行动物，背甲黄褐色，有黑斑，可作装饰品。

清人绘帝尧画像

禹庙橘柚

上古时期，大禹治服洪水后，东南沿海各岛的人穿着草编的衣服，把橘柚包起来作为贡品。所以后人才会专门在禹庙中种上橘树和柚树。唐朝时，诗人杜甫路过忠州（今重庆忠县）时，到临江山崖上的禹庙参观。时值秋天，在落日的余晖中，古庙一片荒凉，但庭院中的橘树和柚树上却挂满果实。杜甫感慨万千，写下《禹庙》诗：“禹庙空山里，秋风落日斜。荒庭垂橘柚，古屋画龙蛇。云气嘘青壁，江声走白沙。早知乘四载，疏凿控三巴。”对英雄大禹发出由衷的赞美。

清末《钦定书经图说·禹贡》一章中的《橘柚锡贡图》，描绘人禹治水成功后，人们以橘柚为贡品进献的场景

原文

zhēng duì ràng　wàng duì　sī　yě　gé　duì shān zhī
争对让，望对思。野葛对山栀❶。

xiānfēng duì dào gǔ　tiān zào duì　rén　wéi
仙风对道骨❷，天造对人为❸。

zhuān zhū jiàn　bó làng chuí　jīng wěi duì gān zhī
专诸剑❹，博浪椎❺。经纬对干支❻。

wèi zūn mín wù zhǔ　dé zhòng dì wáng shī
位尊民物主❼，德重帝王师❽。

wàng qiè　bù fáng rén　qù yuǎn　xīn máng wú　nài mǎ xíng chí
望切不妨人去远❾，心忙无奈马行迟。

jīn　wū　bì　lái　fù　qǐ mào líng　tí　zhù　bǐ
金屋闭来，赋乞茂陵题柱笔❿；

yù　lóu chéng hòu　jì　xū chāng gǔ　fù náng　cí
玉楼成后，记须昌谷负囊词⓫。

注释

❶葛：藤本植物，根可制淀粉，也可入药。栀：常绿灌木，果实可作黄色染料，也可入药。❷仙风：仙人的风度。道骨：修道者的气概。❸天造：自然形成。❹专诸剑：春秋吴公子光为夺取王位，使刺客专诸藏剑鱼腹，刺死吴王僚，专诸也被侍卫杀死。❺博浪椎：秦末，张良为给韩国报仇，请一位大力士在博浪沙椎击秦始皇，误中副车，未能成功。❻经纬：织物上的纵线和横线。干支：天干和地支的合称，古代常用来纪日和纪年。❼民物主：民众和万物的主人。❽德重：道德修养深厚。❾望切：盼望深切。❿“金屋闭来”句：西汉陈皇后曾为汉武帝宠爱，

山东嘉祥武梁祠西壁画像《专诸刺王僚》

金屋藏娇。后因得罪武帝，被贬长门宫。陈皇后请司马相如写了《长门赋》，令武帝回心转意。⑪玉楼：传说唐代诗人李贺将死时，有红衣人说，楼成后请他作记。后世称文人之死为“白玉楼成”。负囊词：李贺出行，让小童背一锦囊，遇有所得，就记下投入囊中。

清金谷良绘《无双谱》中的张良画像

故事

博浪椎秦

西汉开国谋士张良本是战国时韩国人，一家五世相韩。秦灭六国后，张良变卖全部家产，努力寻找时机，准备刺杀秦始皇。后来，他在仓海君那里找到一位大力士，此人力大无穷，能舞动一百二十斤的大铁椎。当秦始皇去东方巡视时，张良带着这位大力士在博浪沙等候，准备刺杀秦始皇。可惜，大力士的铁椎没有击中秦始皇，只是误中副车，这次壮举没有成功。秦始皇大怒，严令搜捕袭击者。张良只好更改姓名，隐藏在下邳（pī）。秦始皇搜查很久，也没查出刺杀事件是什么人干的。

清吴历绘《人物故事图册》之一，根据《史记·留侯世家》记载，讲述张良于博浪沙伏击秦始皇的故事

原文

wǔ wēi
五微

xián duì shèng shì duì fēi jué ào duì cān wēi
贤对圣，是对非。觉奥对参微[1]。

yú shū duì yàn zì cǎo shè duì chái fēi
鱼书对雁字[2]，草舍对柴扉[3]。

jī xiǎochàng zhì zhāo fēi hóngshòu duì lǜ féi
鸡晓唱，雉朝飞。红瘦对绿肥[4]。

jǔ bēi yāo yuè yǐn qí mǎ tà huā guī
举杯邀月饮[5]，骑马踏花归。

huáng gài néngchéng chì bì jié chénpíngshàn jiě bái dēng wēi
黄盖能成赤壁捷[6]，陈平善解白登危[7]。

tài bái shū táng pù quánchuí dì sān qiānzhàng
太白书堂，瀑泉垂地三千丈[8]；

kǒngmíng sì miào lǎo bǎi cān tiān sì shí wéi
孔明祀庙，老柏参天四十围[9]。

清殿藏本李白画像

注释

❶觉奥：察觉奥妙。参微：领悟微妙的道理。❷鱼书：代指书信。雁字：指书信。汉苏武被匈奴流放北海，汉使者假称得大雁脚上苏武书信，使苏武归国。❸草舍：茅草屋。柴扉：柴门。❹红瘦、绿肥：指雨后绿叶茂盛，花朵凋零。宋李清照词《如梦令》：“知否，知否？应是绿肥红瘦。”❺举杯邀月饮：李白《月下独酌》诗：“举杯邀明月，对影成三人。”❻黄盖能成赤壁捷：东吴黄盖以“苦肉

计”诈降曹军，取得赤壁之战胜利。❼陈平善解白登危：西汉初年刘邦征匈奴，被围白登山，陈平用计贿赂单于妻子才解围。❽“太白书堂”句：语出李白《望庐山瀑布》：“飞流直下三千尺，疑是银河落九天。”❾“孔明祀庙”句：语出杜甫《古柏行》：“孔明庙前有老柏，柯如青铜根如石。霜皮溜雨四十围，黛色参天二千尺。”

明陈洪绶绘《博古叶子》中的陈平画像

故事

苦肉计

三国时，曹操与孙刘联军在赤壁展开大战。周瑜派庞统假装投降曹操，献上连环计，曹操果然将战船连在一起。但由于没有内应，孙刘联军无法接近曹操的船只放火。这时，老将黄盖献上苦肉计。第二天，周瑜叫将士们准备三个月的粮草，老将黄盖却劝周瑜投降，两个人为此争吵起来，周瑜一气之下将黄盖打了五十军棍。夜里，黄盖派人送信给曹操，说自己准备投降，曹操十分高兴。冬至那天，刮起东南风，黄盖的降船装满引火之物冲向曹营，曹操的船队被点燃，孙刘联军乘势出击，取得赤壁之战的胜利。

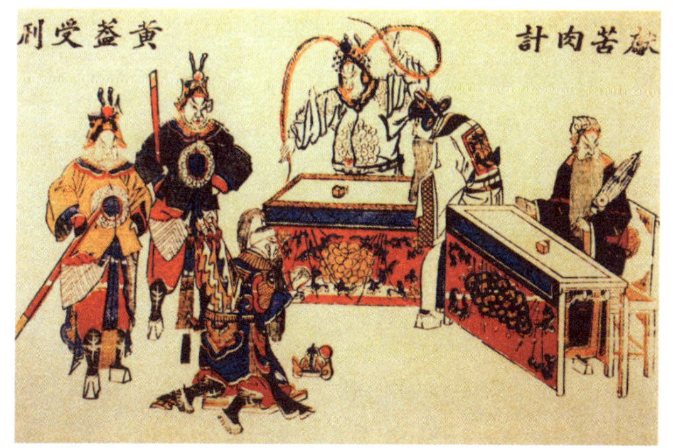

天津杨柳青年画《献苦肉计，黄盖受刑》，讲述黄盖献苦肉计诈降曹操，火烧赤壁的故事

原文

gē duì jiǎ wò duì wéi dàngdàng duì wēi wēi
戈对甲，幄对帷。荡荡对巍巍。

yán tān duì shào pǔ jìng jú duì yí wēi
严滩对邵圃❶，靖菊对夷薇❷。

zhānhóng jiàn cǎi fèng fēi hǔ bǎng duì lóng qí
占鸿渐❸，采凤飞❹。虎榜对龙旗❺。

xīn zhōng luó jǐn xiù kǒu nèi tǔ zhū jī
心中罗锦绣❻，口内吐珠玑❼。

kuānhóng huō dá gāo huángliàng chì zhà yīn yǎ bà wáng wēi
宽宏豁达高皇量❽，叱咤喑哑霸王威❾。

miè xiàng xīng liú jiǎo tù jìn shí zǒu gǒu sǐ
灭项兴刘，狡兔尽时走狗死❿；

lián wú jù wèi pí xiū tún chù wò lóng guī
连吴拒魏，貔貅屯处卧龙归⓫。

清黄山寿绘《严子陵归钓图》

注释

❶严滩：即子陵滩，在浙江富春江上，为东汉隐士严子陵的垂钓处。邵圃：邵平的瓜圃。邵平秦时为东陵侯，秦灭后在长安种瓜。❷靖菊：陶渊明喜爱的菊花。夷薇：伯夷采食的薇。商末，伯夷、叔齐耻食周粟，隐于首阳山，采薇而食。❸鸿渐：《周易》中一利于嫁女的吉卦。❹采凤飞：春秋陈太子完逃亡齐国，齐懿公打算把女儿许配他，占得“凤凰于飞，和鸣锵锵”，认为是吉卦。❺虎榜：进士榜。龙旗：画

有蟠龙的天子旗帜。❻罗锦绣：意为满腹诗文。❼吐珠玑：形容说话有文采。❽高皇量：史称刘邦宽容豁达，气量宏大。❾叱咤、喑哑：形容人发怒的声音。❿走狗死：汉朝初定，韩信被逮捕，韩信感叹："狡兔死，走狗烹。"⓫貔貅：传说中猛兽，这里指勇猛的将士。卧龙：诸葛亮，人称卧龙先生。

明人绘汉高祖刘邦画像

故事

不食周粟

商朝末年，纣王无道，周文王准备讨伐商纣。然而征伐还未开始，文王病逝。周武王即位，便准备讨伐纣王。孤竹国国君的两个儿子伯夷和叔齐认为，周武王"父死不葬"、"以臣弑（shì）君"是不仁不义，竭力加以劝阻。武王没有采纳他们的意见，坚持发兵伐纣，灭亡商朝，使天下都归附周王朝。伯夷、叔齐认为做周朝的臣民可耻，不肯吃周朝土地上生长的粮食，逃入首阳山隐居，靠吃野菜度日，以此表示不改变自己的节操，最后两人饿死山中。

南宋李唐绘《采薇图》，讲述商末伯夷、叔齐耻食周粟，采薇而食，饿死首阳山故事

原文

shuāi duì shèng　mì duì xī　jì fú duì cháo yī
衰对盛，密对稀。祭服对朝衣。

jī chuāng duì yàn tǎ　qiū bǎng duì chūn wéi
鸡窗对雁塔[1]，秋榜对春闱[2]。

wū yī xiàng　yàn zǐ jī　jiǔ bié duì chū guī
乌衣巷[3]，燕子矶[4]。久别对初归。

tiān zī zhēn yǎo tiǎo　shèng dé shí guāng huī
天姿真窈窕，圣德实光辉。

pán táo zǐ què lái jīn mǔ　lǐng lì hóngchén jìn yù fēi
蟠桃紫阙来金母[5]，岭荔红尘进玉妃[6]。

bà wáng jūn yíng　yà fù dān xīn zhuàng yù dǒu
霸王军营，亚父丹心撞玉斗[7]；

cháng ān jiǔ shì　zhé xiān kuáng xìng huàn yín guī
长安酒市，谪仙狂兴换银龟[8]。

注释

❶鸡窗：晋兖州刺史宋处宗与窗外的鸡高谈阔论，学问大进。事见《幽明录》。雁塔：唐人丰肇及第，偶于慈恩寺雁塔题名，后人仿效。❷秋榜：秋试（乡试）后所发的榜。春闱：唐宋礼部试士和明清会试都在春季举行，故称春闱。❸乌衣巷：地名，在今江苏南京市秦淮河南。❹燕子矶：在今江苏南京市北的观音山上。❺蟠桃紫阙来金母：传说西王母来见汉武帝，送给他两个蟠

清吴友如绘《古今人物图》中的《处宗鸡谈》图

近代朱先绘《唐明皇与杨贵妃》

桃。❻岭荔红尘进玉妃：唐代杨贵妃好食鲜荔枝，玄宗命从岭南快马送至长安。❼亚父丹心撞玉斗：鸿门宴后，亚父范增将刘邦赠送的玉斗掷在地上，用剑击碎，以发泄愤怒和失望的情绪。❽谪仙狂兴换银龟：唐代诗人贺知章与李白一见如故，惊为"谪仙"，解银龟换酒，宴请李白。

故事

妃子笑

唐朝时，唐玄宗宠爱杨贵妃。杨贵妃喜欢吃荔枝，但必须是刚摘下来的新鲜荔枝才肯吃。为了满足杨贵妃的喜好，唐玄宗专门为她设置驿站，命人从岭南日夜兼程运送荔枝，要求新鲜荔枝必须在二三日内送到，以保持荔枝色、香、味不变。唐代诗人杜牧在《过华清宫》一诗中写道："长安回望绣成堆，山顶千门次第开。一骑红尘妃子笑，无人知是荔枝来。"描写为杨贵妃运送荔枝的情景，对唐玄宗和杨贵妃的奢华生活进行了辛辣讽刺。

明臧懋循编《元曲选图·梧桐雨》之《杨贵妃晓日荔枝香》，描绘一骑快马为杨贵妃送来荔枝的场景

原文

liù　yú
六鱼

gēng duì fàn　liǔ duì yú　duǎn xiù duì cháng jū
羹对饭，柳对榆。短袖对长裾❶。

jī guān duì fèng wěi　sháo yào duì fú qú
鸡冠对凤尾，芍药对芙蕖❷。

zhōu yǒu ruò　hàn xiàng rú　wáng wū duì kuāng lú
周有若❸，汉相如❹。王屋对匡庐❺。

yuè míng shān sì yuǎn　fēng xì shuǐ tíng xū
月明山寺远，风细水亭虚。

zhuàng shì yāo jiān sān chǐ jiàn　nán ér fù nèi wǔ chē shū
壮士腰间三尺剑❻，男儿腹内五车书❼。

shū yǐng àn xiāng　hé jìng gū shān méi ruǐ fàng
疏影暗香，和靖孤山梅蕊放❽；

qīng yīn qīng zhòu　yuān míng jiù zhái liǔ tiáo shū
轻阴清昼，渊明旧宅柳条舒❾。

南宋佚名绘《孔子弟子像卷》中的有若画像

注释

❶裾：衣服的前后襟。❷芙蕖：荷花的别名。❸有若：东周人，孔子弟子。❹相如：西汉文学家司马相如。❺王屋：王屋山，在河南与山西交界处。匡庐：即庐山，在江西省九江市。❻三尺剑：刘邦说自己手提三尺剑起兵，夺得天下。这里是有志男儿的象征。❼五车书：相传战国学者惠施很有学问，“其书五车”。后以学富五车称人博学

多识。❽“疏影暗香”句：宋诗人林逋（字和靖）隐居杭州西湖孤山，以植梅养鹤为乐，世称“梅妻鹤子”。其咏梅名句有：“疏影横斜水清浅，暗香浮动月黄昏。”❾“轻阴清昼”句：晋陶渊明在《五柳先生传》中说自己住宅边有五棵柳树。

明人绘陶渊明画像

故事

学富五车

惠施是战国时哲学家，名家的代表人物，知识渊博，能言善辩，曾任魏国相国。惠施主张“合同异”，认为一切事物的差别、对立都是相对的，统一是绝对的，过分夸大事物之间的“同”，而忽视其间的“异”，也忽视了事物的相对稳定性。庄子与惠施是朋友，他对惠施的评价是：“惠施的知识广博而芜（wú）杂，虽然读过的书能装满五车，但他的一些理论错误而杂乱，所讲的话也多不中肯。”

清人绘《历代名臣像解》中的庄子画像

原文

wú duì rǔ　ěr duì yú　xuǎnshòu duì shēng chú
吾对汝，尔对余。选授对升除[1]。

shū xiāng duì yào guì　lěi sì duì yōu chú
书箱对药柜，耒耜对耰锄[2]。

shēn suī lǔ　huí bù yú　fá yuè duì yán lǘ
参虽鲁[3]，回不愚[4]。阀阅对阎闾[5]。

zhū hóu qiānshèng guó　mìng fù qī xiāng chē
诸侯千乘国[6]，命妇七香车[7]。

chuān yún cǎi yào wén xiān rén　tà xuě xún méi cè jiǎn lǘ
穿云采药闻仙人[8]，踏雪寻梅策蹇驴[9]。

yù tù jīn wū　èr qì jīng líng wéi rì yuè
玉兔金乌，二气精灵为日月[10]；

luò guī hé mǎ　wǔ xíng shēng kè zài tú shū
洛龟河马，五行生克在图书[11]。

注释

❶升除：授予官职。❷耒耜：二者都是古代农具，类似犁。耰：古代平整土地的农具。❸参：孔子弟子曾参，孔子曾说："柴也愚，参也鲁。"❹回：孔子弟子颜回，孔子曾说："回也不愚。"❺阀阅：祖先有功业的世家、巨室。阎闾：里巷内外的门，后借指平民。❻千乘国：拥有千辆兵车的国家。❼命妇：受有朝廷封号的妇女。七香车：极为华贵的车。❽穿云采药闻仙人：《幽明录》记载，东汉刘晨、阮肇入天台山采药迷路，遇到两位仙女。

清人绘颜回画像

清沙馥绘《踏雪寻梅图》

❾踏雪寻梅策蹇驴：唐代诗人孟浩然曾骑瘸驴于灞上踏雪寻梅，以激发诗兴。❿玉兔金乌：分别是月亮、太阳的别称。⓫洛龟河马：夏禹治水时，有神龟在洛水出现，其背上有图画，后世称洛书。伏羲时，有龙马背负图出现在黄河，伏羲据此画八卦，后世称河图。

解说

河图洛书

河图洛书是古代儒家关于《周易》和《洪范》两书来源的传说。《易·系辞上》说：“河出图，洛出书，圣人则之。”传说伏羲氏时，有龙马从黄河出现，背负“河图”，伏羲据此画成八卦，就是后来《周易》的来源。夏禹治水时，有神龟从洛水出现，背负“洛书”，夏禹依此治水成功，并依此定九章大法，治理社会。汉代刘歆（xīn）认为《洪范》即洛书。南宋朱熹《周易本义》首列“河图”“洛书”，以九为河图，以十为洛书，实源出于道士陈抟（tuán）。清代学者黄宗羲、胡渭等均对宋儒说表示反对。

南宋马麟绘伏羲画像

原文

qī duì zhèng　mì duì shū　náng tuó duì bāo jū
敧对正❶，密对疏。囊橐对苞苴❷。

luó fú duì hú qiáo　shuǐ qū duì shān yū
罗浮对壶峤❸，水曲对山纡❹。

cān hè jià　dài luán yú　jié nì duì cháng jǔ
骖鹤驾❺，待鸾舆❻。桀溺对长沮❼。

bó hǔ biànzhuāng zǐ　dāngxióngféng jié yú
搏虎卞庄子❽，当熊冯婕妤❾。

nán yáng gāo shì yín liáng fǔ　xī shǔ cái rén fù zǐ xū
南阳高士吟梁父❿，西蜀才人赋子虚⓫。

sān jìng fēngguāng　bái shí huáng huā gòngzhàng lǚ
三径风光，白石黄花供杖履⓬；

wǔ hú yān jǐng　qīngshān lǜ shuǐ zài qiáo yú
五湖烟景，青山绿水在樵渔⓭。

清金廷标绘《婕妤挡熊图》

注释

❶敧：倾斜。❷囊橐：盛物的袋子，大的叫囊，小的叫橐。苞苴：包装用品的草袋。❸罗浮：山名，在今广东博罗，道教称为“第七洞天”。壶峤：传说中的仙山方壶、员峤。❹纡：弯曲。❺骖：驾驭。鹤驾：周灵王太子王子乔曾乘白鹤驻缑氏山头。❻鸾舆：天子的车驾。❼桀溺、长沮：春秋时楚国的两位隐士。❽搏虎卞庄子：春秋鲁国勇士卞庄刺虎的典故。❾当熊冯婕妤：汉代冯婕妤独自挡

熊保护汉元帝，元帝深嘉其勇。⑩南阳高士吟梁父：诸葛亮在南阳隐居时喜欢吟唱《梁父吟》。⑪西蜀才人赋子虚：西汉司马相如是蜀地人，代表作之一为《子虚赋》。⑫三径：西汉末年王莽专权，蒋诩辞官归隐，在院中开三条小路，只与求仲、羊仲来往。后以“三径”指归隐者的家园。⑬五湖烟景：指春秋越国范蠡功成归隐一事。

清殿藏本诸葛亮画像

故事

卞庄刺虎

从前，卞庄子与朋友馆竖子一起进山打猎，发现两只老虎正在捕食一头牛。卞庄子立即拔剑在手，准备刺杀老虎。馆竖子劝阻他说：“如果你现在去刺虎，必定会受到两只老虎的攻击。等牛肉快吃完时，它们肯定会发生争斗，大虎必伤，小虎必死。那时你再去刺杀受伤的老虎，必定会一举两得。”过了一会儿，两只老虎真为争牛肉而撕咬起来，大虎受伤，小虎被咬死。这时，卞庄子跳出树丛，刺死受伤的老虎，果然一下子取得杀死两只老虎的功效。

清吴友如绘《古今人物图》中的《卞庄刺虎》图

qī yú

七虞

hóng duì bái　yǒu duì wú　bù gǔ duì tí hú
红对白，有对无。布谷对提壶❶。

máozhuī duì yǔ shàn　tiān què duì huáng dū
毛锥对羽扇❷，天阙对皇都❸。

xiè hú dié　zhèng zhè gū　dǎo hǎi duì guī hú
谢蝴蝶❹，郑鹧鸪❺。蹈海对归湖❻。

huā féi chūn yǔ rùn　zhú shòu wǎn fēng shū
花肥春雨润，竹瘦晚风疏。

mài fàn dòu mí zhōng chuàng hàn　chún gēng lú kuài jìng guī wú
麦饭豆糜终创汉❼，莼羹鲈脍竟归吴❽。

qín diào qīng tán　yáng liǔ yuè zhōng qián qù tīng
琴调轻弹，杨柳月中潜去听❾；

jiǔ qí xié guà　xìng huā cūn lǐ gòng lái gū
酒旗斜挂，杏花村里共来沽❿。

清绣像本《东周列国志》中的鲁仲连画像

注释

❶提壶：即鹈鹕鸟，善捕鱼。❷毛锥：毛笔。羽扇：用鹅毛做成的扇子。❸天阙：天上的宫殿。皇都：京城，国都。❹谢蝴蝶：宋代诗人谢逸好作蝴蝶诗，人称“谢蝴蝶”。❺郑鹧鸪：唐代诗人郑谷作《鹧鸪》诗最佳，人称“郑鹧鸪”。❻蹈海：战国时齐国义士鲁仲连誓不为秦

国子民，欲蹈东海而死。归湖：春秋越国范蠡帮勾践灭吴后，泛舟归隐五湖。❼麦饭豆糜终创汉：汉光武帝在河北战败南逃，大将冯异煮麦饭、熬豆粥，使其渡过难关，建立东汉。❽莼羹鲈脍竟归吴：西晋张翰厌倦官场生活，见秋风起，思念起家乡的莼羹和鲈鱼，弃官回吴地。❾潜：悄悄。❿沽：买。

清人绘《历代名臣像解》中的冯异画像

荒亭进粥

冯异是东汉光武帝刘秀手下大将。刘秀还未称帝时，被更始帝刘玄派去经略河北诸地。刘秀出师不利，被王朗击败，逃跑的路上饥寒交迫，冯异想方设法给他找来豆粥充饥，刘秀十分感激。到了南宫，遭遇狂风暴雨，刘秀在路旁的空屋子里躲雨，冯异又送上麦饭和菟（tù）肩（一种蕨类植物），帮他渡过难关，最终建立东汉王朝。后来，有人说冯异的坏话，刘秀一概不信，并视冯异“义为君臣，恩犹父子”。

清马骀绘《历代名将画谱》之《荒亭进粥》图

luó duì qǐ míng duì shū bǎi xiù duì sōng kū
罗对绮[1]，茗对蔬[2]。柏秀对松枯。

zhōngyuán duì shàng sì fǎn bì duì huán zhū
中元对上巳[3]，返璧对还珠[4]。

yún mèng zé dòng tíng hú yù zhú duì bīng hú
云梦泽[5]，洞庭湖。玉烛对冰壶[6]。

cāng tóu xī jiǎo dài lǜ bìn xiàng yá shū
苍头犀角带[7]，绿鬓象牙梳[8]。

sōng yīn bái hè shēng xiāng yìng jìng lǐ qīng luán yǐng bù gū
松阴白鹤声相应，镜里青鸾影不孤[9]。

zhú hù bàn kāi duì yǒu bù zhī rén zài fǒu
竹户半开，对牖不知人在否[10]；

chái mén shēn bì tíng chē hái yǒu kè lái wú
柴门深闭，停车还有客来无。

注释

❶罗：轻软的丝织品。绮：有花纹的丝织品。❷茗：茶。❸中元：中元节，农历七月十五日。上巳：古代节日名。汉以前以农历三月上旬巳日为“上巳”，魏晋以后多改为三月三日。❹返璧：战国蔺相如完璧归赵一事。还珠：后汉合浦郡产珍珠，许多太守在任上大肆搜刮，珍珠竟迁往他地。孟尝为太守后，廉洁自律，珍珠又都返回合浦。❺云梦泽：古代大泽名，方圆九百里，在今洞庭湖一带。❻冰壶：盛冰的玉壶，比喻心地纯洁。❼苍头：头发斑白，指年老的人。❽绿鬓：乌黑而有光泽的鬓发，形容年轻美貌。❾镜里青鸾影不孤：《异苑》记载：古代一国王捕到一只鸾，三年不鸣。其夫人说，鸟

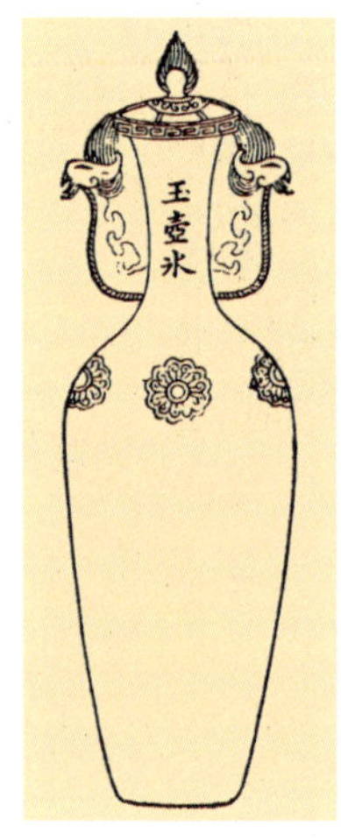

古代盛冰的玉壶

清绣像本《东周列国志》中的蔺相如画像

见其类而后鸣。悬镜照之，鸾果然见影鸣叫。

⑩牖：窗户。

故事

完璧归赵

战国时，秦昭襄王听说赵国得到稀世珍宝和氏璧后，便说愿用十五座城来换和氏璧。赵惠文王不敢得罪秦王，又不愿交出和氏璧，一时间进退两难。这时，蔺相如自告奋勇要去秦国，并保证如果秦国不交城池，他就把玉璧完整地带回来。蔺相如到达咸阳后，见秦王并不真心交换玉璧，便要秦王沐浴斋戒，然后才肯交出玉璧。此间，蔺相如派人从小路把玉璧送回赵国，完璧归赵。秦王想杀蔺相如，可又怕破坏两国关系，只好放蔺相如回国。

清吴历绘《人物故事图册》之一，描绘蔺相如在秦廷与秦王据理力争的场景

原文

bīn duì zhǔ　bì duì nú　bǎo yā duì jīn fú
宾对主，婢对奴。宝鸭对金凫❶。

shēngtáng duì rù shì　gǔ sè duì tóu hú
升堂对入室❷，鼓瑟对投壶❸。

chān hé bì　sòng lián zhū　tí wèng duì dāng lú
觇合壁❹，颂联珠❺。提瓮对当垆❻。

yǎng gāo hóng rì jìn　wàng yuǎn bái yún gū
仰高红日近，望远白云孤。

xīn xiàng mì shū kuī èr yǒu　jī yún fāng yù dòng sān wú
歆向秘书窥二酉❼，机云芳誉动三吴❽。

zǔ jiàn sān bēi　lǎo qù cháng zhēn huā xià jiǔ
祖饯三杯，老去常斟花下酒❾；

huāng tián wǔ mǔ　guī lái dú hè yuè zhōng chú
荒田五亩，归来独荷月中锄❿。

清包栋绘《投壶图》

注释

❶宝鸭、金凫：二者均为古代香炉。❷升堂、入室：孔子曾评论弟子子路说：子路升堂了，但还没有进入室内。意思是已经有了一定造诣，但还没达到很高的境界。❸投壶：古代宴会上的一种游戏，宾主依次将箭投入盛酒的壶中，多者为胜，少者罚饮。❹觇：察看，观测。合璧：古称日月同升为合璧，视为吉祥征兆。❺联珠：金木水火土五星连成一线，被古人视为太平征兆。❻提瓮：汉代鲍宣妻子家富，但在鲍家穿布衣，提瓦罐汲水，为人称道。当垆：汉卓文君与司马相如私奔成都，开酒馆谋生，

当垆卖酒。❼歆向秘书窥二酉：西汉刘歆、刘向父子读书于大、小酉山，读了许多秘密藏书。❽机云芳誉动三吴：西晋文学家陆机、陆云兄弟，名重三吴。❾祖饯：古人出行，先要祭祀路神。❿归来独荷月中锄：语出陶渊明《归园田居》：“晨兴理荒秽，带月荷锄归。”

明佚名绘《千秋绝艳图》中的卓文君画像

故事

当垆卖酒

卓文君是西汉临邛（qióng）富商卓王孙的女儿，丈夫去世不久，与才子司马相如互生爱慕之情，两人不顾家中父母反对，私奔到四川成都。由于司马相如家徒四壁，无以为生，他们只好变卖全部车马，回到临邛，开了一家酒馆谋生。卓文君坐在酒店放置酒瓮（wèng）的土台子旁边卖酒，司马相如则系着围裙，和伙计们一起干活，在店里洗刷酒器。“当垆卖酒”的故事，后来成为夫妇爱情坚贞不渝的佳话。

清马骀绘《美人百态画谱》中的卓文君画像，讲述卓文君与司马相如当垆卖酒的故事

原文

jūn duì fù　wèi duì wú　běi yuè duì xī hú
君对父，魏对吴。北岳对西湖。

cài shū duì chá chuǎn　jù téng duì chāng pú
菜蔬对茶荈[1]，苣藤对菖蒲[2]。

méi huā shù　zhú yè fú　tíng yì duì shān hū
梅花数[3]，竹叶符[4]。廷议对山呼[5]。

liǎng dū bān gù fù　bā zhèn kǒng míng tú
两都班固赋[6]，八阵孔明图[7]。

tián qìng zǐ jīng táng xià mào　wáng póu qīng bǎi mù qián kū
田庆紫荆堂下茂[8]，王裒青柏墓前枯[9]。

chū sài zhōng láng　dī yǒu rǔ shí guī hàn shì
出塞中郎，羝有乳时归汉室[10]；

zhì qín tài zǐ　mǎ shēng jiǎo rì fǎn yān dū
质秦太子，马生角日返燕都[11]。

注释

❶茶荈：晚采的茶。❷菖蒲：水生草本植物，民间在端午节常和艾叶扎束，挂在门前。❸梅花数：古代一种占卜方法，相传为宋代邵雍所创。❹竹叶符：即竹使符，汉代分给郡国丞相的信符，右留京师，左留郡国。❺廷议：在朝廷上、皇帝面前论辩国事。山呼：古代对皇帝的祝颂仪式，叩头高呼“万岁”三次。❻两都班固赋：东汉班固作《两都赋》。❼八阵孔明图：诸葛亮发明八阵图。❽田庆紫荆堂下茂：南朝田真、田庆、田广兄弟分家，要把堂前紫荆树分为

台北故宫博物院藏班固画像

清绣像本《东周列国志》中的太子丹画像

三段，树突然枯死。田氏兄弟深有感触，不再分家，树又复活。❾王裒青柏墓前枯：西晋王裒至孝，父亡，攀墓前柏树枝哭泣，柏树沾泪枯死。❿“出塞中郎”句：汉苏武牧羊典故。⓫“质秦太子”句：战国燕太子丹在秦国做人质，秦王说马生角才让他回国。太子丹悲啼，马果然长出犄角。

故事

苏武牧羊

西汉时，苏武奉汉武帝之命，率百余人出使匈奴，以改善汉匈关系。匈奴单（chán）于借口汉朝副使张胜参与匈奴内乱，把苏武扣留，并威胁、利诱他投降。苏武大义凛（lǐn）然，以死相拼。单于见苏武坚贞不屈，把他关入地窖（jiào）不给饮食，之后又把他流放到北海无人居住的地方去放牧公羊，并说只有公羊生出乳汁，才能放他回去。为了不辱使命，苏武手持汉节，在北海度过了十九个春秋。汉昭帝时，汉匈重又和亲，苏武才被接回祖国。

清马骀绘《苏武牧羊图》

原文

八齐

bā qí

luán duì fèng quǎn duì jī sài běi duì guān xī
鸾对凤，犬对鸡。塞北对关西❶。

chángshēng duì yì zhì lǎo yòu duì mào ní
长生对益智，老幼对旄倪❷。

bān zhú cè jiǎn tóng guī pū zǎo duì zhēng lí
颁竹策❸，剪桐圭❹。剥枣对蒸梨❺。

mián yāo rú ruò liǔ nèn shǒu sì róu tí
绵腰如弱柳，嫩手似柔荑❻。

jiǎo tù néng chuān sān xué yǐn jiāo liáo quán jiè yì zhī qī
狡兔能穿三穴隐❼，鹪鹩权借一枝栖❽。

lù lǐ xiān shēng cè zhàng chuí shēn fú shào zhǔ
甪里先生，策杖垂绅扶少主❾；

wū líng zhòng zǐ bì lú zhī lǚ lài xián qī
於陵仲子，辟纑织履赖贤妻❿。

注释

❶塞北：长城以北，也泛指北部边疆的地区。关西：函谷关或潼关以西。❷旄倪：老人和小孩。❸颁竹策：古代命官授爵，写在竹简上的策书。❹剪桐圭：西周成王桐叶封弟的故事。❺剥枣：打枣。❻柔荑：初生的茅草嫩芽，用以形容女子的手纤细白嫩。❼狡兔能穿三穴隐：语出《战国策·齐策》，冯谖对孟尝君所言，意思是多给自己留几条后路。❽鹪鹩权借一枝栖：语出《庄子·逍遥游》，意思是所求

清吴友如绘《古今人物图》之《冯谖弹剑》图

不多，容易满足。❾“甪里先生”句：汉高祖刘邦立吕后之子刘盈为太子，后欲以赵王如意易之。吕后用张良计，请四位隐士辅佐太子，太子才没被废。❿“於陵仲子”句：战国齐隐士於陵仲子拒绝楚王让他为相的要求，与妻子逃亡。隐居后，自己为人灌溉园圃，妻子纺麻织鞋为生。

清人绘周成王画像

故事

桐叶封弟

西周初年，武王去世后，年幼的成王即位，周公辅政。一天，成王和弟弟叔虞在宫中玩耍，他随手捡起一片落在地上的桐叶，剪成玉圭形，送给叔虞，说：“这个玉圭是我送给你的，我要封你到唐国去做诸侯。”史官们听后，把这件事告诉了周公。周公见到成王，问他：“你要封叔虞作诸侯吗？”成王说：“怎么会呢？我是跟弟弟说着玩的。”周公却认真地说：“天子无戏言！”后来，成王选择吉日，把叔虞封为唐国诸侯，史称唐叔虞。

明焦竑著《养正图解》中的插图《桐叶封虞》，描绘周成王削桐叶为圭封叔虞的场景

原文

míng duì fèi　fàn duì qī　yàn yǔ duì yīng tí
鸣对吠，泛对栖❶。燕语对莺啼。

shān hú duì mǎ nǎo　hǔ pò duì bō lí
珊瑚对玛瑙❷，琥珀对玻璃❸。

jiàngxiàn lǎo　bó zhōu lí　cè lí duì rán xī
绛县老❹，伯州犁❺。测蠡对燃犀❻。

yú huái kān zuò yīn　táo lǐ zì chéng xī
榆槐堪作荫❼，桃李自成蹊❽。

tóu wū jiù nǚ xī mén bào　lìn huànféng qī bǎi lǐ xī
投巫救女西门豹❾，赁浣逢妻百里奚❿。

què lǐ ménqiáng　lòu xiàng guī mó yuán bú lòu
阙里门墙，陋巷规模原不陋⓫；

suí dī jī zhǐ　mí lóu zōng jì yì quán mí
隋堤基址，迷楼踪迹亦全迷⓬。

清绣像本《东周列国志》中的百里奚画像

注释

❶泛：漂浮。❷珊瑚：由珊瑚虫分泌的石灰质骨骼聚结而成的物质。玛瑙：玉髓类矿物的一种。❸琥珀：松树的树脂落入地下形成的化石。❹绛县老：晋国绛县老人不知自己年龄，只知活了445个甲子，师旷推算他73岁。❺伯州犁：春秋时晋国大夫伯宗之子，为楚国太宰。❻测蠡：用葫芦做的瓢测海，比喻见识狭小。燃犀：东晋大臣温峤路过牛渚矶，听人说水下有怪物，点燃犀牛角

去照，果见许多精灵。❼荫：遮蔽。❽桃李自成蹊：谚语说：“桃李不言，下自成蹊。”比喻有才德，自己不说，别人也会知道。❾投巫救女西门豹：西门豹治邺的典故。❿赁浣逢妻百里奚：春秋时百里奚为秦相，在家中听音乐时，所雇洗衣妇抚琴而歌，原来是他的结发妻子。⓫阙里：孔子居住的巷名。⓬隋堤：隋炀帝开凿大运河的河堤。迷楼：隋炀帝所建之楼，极为奢靡。

清顾沅辑《古圣贤像传略》中的西门豹画像

西门豹治邺

战国初年，魏文侯派西门豹到邺城(今河北临漳西)担任行政长官。西门豹到了邺城，发现那里非常萧条，召集当地父老一问，才知道是乡绅（shēn）和巫婆勾结，搞河伯娶妇的把戏，坑害百姓，使得百姓背井离乡。西门豹非常气愤，决心惩治乡绅和巫婆。到了替河伯娶媳妇的那天，西门豹率领一群武士来到河边，以让巫婆和乡绅向河伯报告为名，将他们扔进河里。从此以后，邺城再也没有发生为河伯娶媳妇的事。逃到外地的百姓纷纷回家，邺城后来变成百姓安居乐业的繁华地区。

清绣像本《东周列国志》插图《西门豹乔送河伯妇》，讲述西门豹惩治以为河伯娶妇为名迫害百姓之女巫的故事

原文

yuè duì zhào chǔ duì qí liǔ àn duì táo xī
越对赵，楚对齐。柳岸对桃溪。

shā chuāng duì xiù hù huà gé duì xiāng guī
纱窗对绣户，画阁对香闺❶。

xiū yuè fǔ shàng tiān tī dì dōng duì hóng ní
修月斧❷，上天梯❸。蝃蝀对虹霓❹。

xíng lè yóu chūn pǔ gōng yú bìng xià qí
行乐游春圃❺，工谀病夏畦❻。

lǐ guǎng bù fēng kōng shè hǔ wèi míng dé lì wèi cún ní
李广不封空射虎❼，魏明得立为存麑❽。

àn pèi xú xíng xì liǔ gōng chéng láo wáng jìng
按辔徐行，细柳功成劳王敬❾；

wén shēng shāo wò lín jīng míng zhèn zhǐ ér tí
闻声稍卧，临泾名震止儿啼❿。

注释

❶画阁：彩绘的华丽楼阁。香闺：年轻女子的内室。❷修月斧：唐时两秀才游嵩山迷路，遇一白衣人，白衣人说他是修理月亮的人，并拿出修月的斧凿给他们看。❸上天梯：登天的梯子。❹蝃蝀：彩虹的别称。❺春圃：春日的园圃。❻工谀病夏畦：语出《孟子·滕文公下》：“胁肩谄笑，病于夏畦。”工谀，善于阿谀奉承。夏畦，夏天在田间劳动。❼李广不封空射虎：西汉飞将军李广空有射虎的本领，却不得封侯。❽魏明得立

清人绘《历代名臣像解》中的李广画像

为存麑：魏明帝曾随父亲文帝打猎，文帝射杀母鹿，让明帝射小鹿，明帝不忍。文帝决定立他为太子。❾“按辔徐行”句：汉周亚夫细柳式车的典故。❿“闻声稍卧”句：唐郝玼作战勇猛，吐蕃军队不敢过临泾城，吐蕃人用他的名字吓唬小孩，使他们不敢啼哭。

清人绘周亚夫画像

故事

细柳式车

西汉初年，匈奴大举入侵，汉文帝在都城长安附近设立三处边防军，大将周亚夫驻守细柳。为了鼓舞士气，汉文帝亲自到各军营慰问军队。在灞（bà）上、棘门二处，将领们毕恭毕敬，汉文帝一行长驱直入。而在细柳营，将士们披甲执锐，戒备森严。文帝的车队到达后被军士拦住，要求他们按军中规定行事。周亚夫身穿盔甲，以军礼拜见汉文帝。汉文帝对周亚夫此举大为赞赏，夸奖道：“这才是真正的将军呀！”

清马骀绘《历代名将画谱》之《细柳式车》，描绘周亚夫在营门迎接汉文帝时的场景

原文

jiǔ jiā
九佳

mén duì hù mò duì jiē zhī yè duì gēn gāi
门对户，陌对街❶。枝叶对根荄❷。

dòu jī duì huī zhǔ fèng jì duì luán chāi
斗鸡对挥麈❸，凤髻对鸾钗❹。

dēng chǔ xiù dù qín huái zǐ fàn duì fū chāi
登楚岫❺，渡秦淮❻。子犯对夫差❼。

shí dǐng lóng tóu suō yín zhēng yàn chì pái
石鼎龙头缩❽，银筝雁翅排❾。

bǎi nián shī lǐ yán yú qìng wàn lǐ fēng yún rù zhuàng huái
百年诗礼延余庆❿，万里风云入壮怀。

néng biàn míng lún sǐ yǐ yě zāi bēi jì lù
能辨名伦，死矣野哉悲季路⓫；

bù yóu jìng dòu shēng hū yú yě yǒu gāo chái
不由径窦，生乎愚也有高柴⓬。

明刻本《三才图会》中的斗鸡图

注释

❶陌：田间小路。❷根荄：草根。❸斗鸡：古代用鸡相互搏斗来赌博的一种游戏。挥麈：挥动鹿尾做的拂尘。晋代人常挥麈清谈。❹凤髻：古代梳成凤状的一种发型。鸾钗：鸾形的发钗。❺楚岫：楚国的山。❻秦淮：秦淮河，在今江苏南京。❼子犯：春秋时晋国狐偃，晋文公的舅父。夫差：春秋时吴国国君。❽石鼎：陶制的烹茶用具。❾雁翅：古筝上的琴

清绣像本《东周列国志》中的大差画像

码。⑩余庆：留给子孙的福泽。⑪“能辨名伦”句：子路明辨人伦，坚持正义而死，孔子很悲伤。⑫“不由径窦”句：卫国发生内乱时，高柴劝子路不要参与，自己逃了出来。孔子评价高柴：“柴也愚。”

故事

子路死卫

孔子的学生子路虽性情粗鲁，但率真勇敢。有一年，卫国发生内乱，卫灵公的儿子蒯聩（kuǎi kuì）与大夫孔悝（kuī）合谋，赶走儿子卫出公，继位为卫庄公。子路是孔悝采邑的长官，听说此事后赶回卫国首都，在城门口，碰到正要离开的高柴。高柴劝说子路：“卫出公已经逃走，你回去吧，不要卷入这场灾难。”子路认为孔悝不忠于卫出公是不对的，要求卫庄公不要任用孔悝，卫庄公却命令手下人杀死了子路。孔子得知子路的死讯，十分伤悲。

明阙名撰《孔门儒教列传》之《子路不避卫难》，描绘子路听说卫国发生内乱，坚决回到国内的场景

原文

guān duì lǚ　wà duì xié　hǎi jiǎo duì tiān yá
冠对履，袜对鞋。海角对天涯。

jī rén duì hǔ lǚ　liù shì duì sān jiē
鸡人对虎旅❶，六市对三街❷。

chén zǔ dòu　xì duī mái　jiǎo jiǎo duì ái ái
陈俎豆❸，戏堆埋❹。皎皎对皑皑。

xiánxiàng jù dōng gé　liángpéng jí xiǎo zhāi
贤相聚东阁❺，良朋集小斋❻。

mèng lǐ shānchuān shū yuè jué　zhěnbiānfēng yuè jì qí xié
梦里山川书越绝❼，枕边风月记齐谐❽。

sān jìng xiāo shū　péng zé gāo fēng yí wǔ liǔ
三径萧疏，彭泽高风怡五柳❾；

liù cháo huá guì　láng yá jiā qì zhòng sān huái
六朝华贵，琅琊佳气种三槐❿。

清马骀绘《仙佛图像画谱》之《海上牧豕》，讲述公孙弘为人放猪谋生，但仍坚持读书的故事

注释

❶鸡人：宫廷中专管更漏负责报时的官员。虎旅：作战英勇的军队。❷六市、三街：泛指各街道。❸陈俎豆：孔子童年嬉戏时，常陈列礼器，模仿大人行礼。❹戏堆埋：孟子小时候做游戏，模仿堆坟埋葬死人，孟母因此搬家。❺贤相聚东阁：西汉公孙弘以布衣为宰相，曾开东阁延揽贤人。❻斋：屋子。❼越绝：即《越绝书》，东汉袁康撰，记载春秋

末年吴越争霸历史。❽齐谐：《庄子》中提到的一本志怪书，已失传。❾“三径萧疏”句：陶渊明曾为彭泽县令，所以称“彭泽”，号“五柳先生”。❿“六朝华贵”句：琅琊王氏在六朝世为公卿，盛于江左。宋王祐在院中植三株槐树，说子孙必有人官至三公，其子王旦果然官至宰相。

清殿藏本孟子画像

故事

孟母三迁

孟轲（kē）是战国时期的思想家、政治家和教育家，相传很小的时候父亲就去世，家里十分贫穷，但母亲并没有因此而放弃对他的教育。她们最初住在坟地旁边，见多了出殡（bìn）的，孟轲就模仿着做丧事。孟母担心这样下去会影响孟轲学习，就把家搬到集市上，与一家屠夫为邻，而孟轲又模仿起杀猪宰羊来。孟母认为在这里居住也不利于孟轲学习，又把家搬到一座学堂附近。从此，孟轲就跟着学堂中的先生专心读书，研习礼仪，学业不断长进。孟母认为这里的环境对儿子成长有利，便长期定居下来。

清钱慧安绘《孟母三迁》图

原文

qín duì jiǎn　qiǎo duì guāi　shuǐ xiè duì shānzhāi
勤对俭，巧对乖。水榭对山斋。

bīng táo duì xuě ǒu　lòu jiàn duì gēng pái
冰桃对雪藕[1]，漏箭对更牌[2]。

hán cuì xiù　guì jīng chāi　kāng kǎi duì huī xié
寒翠袖[3]，贵荆钗[4]。慷慨对诙谐。

zhú jìng fēngshēng lài　huā xī yuè yǐng shāi
竹径风声籁[5]，花溪月影筛[6]。

xié náng jiā yùn suí shí zhù　hè chú chén hān dào chù mái
携囊佳韵随时贮[7]，荷锄沉酣到处埋[8]。

jiāng hǎi gū zōng　xuě làngfēng tāo jīng lǚ mèng
江海孤踪，雪浪风涛惊旅梦[9]；

xiāngguānwàn lǐ　yān luán yún shù qiè guī huái
乡关万里，烟峦云树切归怀[10]。

注释

❶冰桃：《汉武故事》记载，西王母曾送给汉武帝冰桃。❷漏箭：漏壶的指针。更牌：夜间报更的竹签。❸寒翠袖：语出杜甫《佳人》："天寒翠袖薄，日暮倚修竹。"❹荆钗：古代穷人家女子使用的发钗。❺籁：声响。❻筛：洒，

唐孙位绘《高逸图》中的刘伶画像

清潘振镛绘《倚竹仕女图》

落。❼携囊佳韵随时贮：唐代诗人李贺出行时让仆人携带锦囊，想到好的诗句就记下来投到锦囊中。❽荷锄沉酣到处埋：晋刘伶好酒，出门让仆人扛着铁锹跟随，说："如果我醉死，你就地把我埋了。"❾旅梦：旅人的思乡之梦。❿切：契合，切中。

故事

李贺诗囊

李贺是唐朝著名诗人，自幼聪敏，七岁就能写诗文。据说李贺少年时经常早晨骑着一头毛驴，身背旧锦囊，带着书童到郊外闲游，对景吟咏。如果来了灵感，就立即把想到比较满意的诗句写在纸上，投入锦囊。晚上回到家，再把锦囊里有诗文的纸片取出来，整理成篇。这样日积月累，精心推敲，为后人留下很多优秀诗文。李贺的母亲见他每晚回来锦囊中都装有很多诗文，不由得心疼地说："这孩子简直要把自己的心都呕出来才肯停止构思诗句啊！"

清人绘《历代名臣像解》中的李贺画像

原文

qǐ duì zǐ guì duì jiē shuǐ pō duì shān yá
杞对梓，桧对楷❶。水泊对山崖❷。

wǔ qún duì gē xiù yù bì duì yáo jiē
舞裙对歌袖，玉陛对瑶阶❸。

fēng rù mèi yuè yíng huái hǔ sì duì láng chái
风入袂❹，月盈怀❺。虎兕对狼豺❻。

mǎ róng táng shàng zhàng yáng kǎn shuǐ zhōng zhāi
马融堂上帐❼，羊侃水中斋❽。

běi miàn hóng gōng yí shí jiè dōng xún dài zhì dìng fán chái
北面黉宫宜拾芥❾，东巡岱畤定燔柴❿。

jǐn lǎn chūn jiāng héng dí dòng xiāo tōng bì luò
锦缆春江，横笛洞箫通碧落⓫；

huá dēng yè yuè yí zān duò cuì biàn xiāng jiē
华灯夜月，遗簪堕翠遍香街⓬。

清马骀绘《历代名将画谱》之《观槊折树》，描绘羊侃准备用槊把树刺断的场景

注释

❶杞、梓、桧、楷：都是树木名。❷水泊：湖泽。❸玉陛：帝王宫殿的台阶。瑶阶：玉砌的台阶。❹袂：衣袖，袖口。❺盈：满。❻虎兕：老虎与犀牛。❼马融堂上帐：东汉学者马融不拘礼节，常坐高堂，施绛纱帐，前授生徒，后列女乐。❽羊侃水中斋：南朝梁将军羊侃生活奢华，一次命人在两艘船上起三间水斋，在其中饮酒作乐。❾黉宫：学宫，学校。拾芥：拾取地上的草

芥，形容到手容易。⑩岱：泰山。畤：古代帝王祭祀天地五帝的场所。燔柴：烧柴，古代祭天仪式之一。⑪锦缆：锦制的缆绳。碧落：天空。⑫遗簪堕翠：指游人丢失首饰。

明宋旭绘《泰岱千岩图》

故事

学者马融

马融是东汉经学家、文学家，曾任校书郎、议郎、南郡太守等职。师从挚恂（zhì xún），遍注《周易》、《尚书》、《毛诗》、《三礼》、《论语》、《孝经》，使古文经学达到成熟境地。除遍注群经外，他还兼注《老子》、《淮南子》。马融为人放达，不拘小节，生徒常有千余人，著名学者郑玄、卢植都出自他的门下。马融常常坐在高堂上，设深红色纱帐，在帐前教授学生，帐后则有歌舞伎助兴，这对魏晋清谈家的破弃礼教有一定影响。

清人绘马融画像

原文

shí huī
十灰

chūn duì xià xǐ duì āi dà shǒu duì cháng cái
春对夏，喜对哀。大手对长才❶。

fēngqīng duì yuè lǎng dì kuò duì tiān kāi
风清对月朗，地阔对天开。

yóu làngyuàn zuì péng lái qī zhèng duì sān tái
游阆苑❷，醉蓬莱❸。七政对三台❹。

qīnglóng hú lǎo zhàng bái yàn yù rén chāi
青龙壶老杖❺，白燕玉人钗❻。

xiāngfēng shí lǐ wàngxiān gé míng yuè yì tiān sī zǐ tái
香风十里望仙阁❼，明月一天思子台❽。

yù jú bīng táo wáng mǔ jǐ yīn qiú dào jiàng
玉橘冰桃，王母几因求道降❾；

lián zhōu lí zhàng zhēn rén yuán wèi dú shū lái
莲舟藜杖，真人原为读书来❿。

注释

❶大手：高手，善写文章的名家。长才：有优异才能的人。❷阆苑：阆风之苑，传说仙人的住处。❸蓬莱：传说中海上仙山之一。❹七政：日、月和金、木、水、火、土，合称七政。三台：古时有灵台、时台、囿台，合称三台。灵台观天文，时台观四时变化，囿台观鸟兽鱼鳖。❺青龙壶老杖：东汉费长房随壶公学仙，辞别时壶公送他一支竹杖，回家后

清袁耀绘《蓬莱仙境》图

明刻本《三才图会》中的费长房画像

竹杖化作青龙。❻白燕玉人钗：汉武帝建造招灵阁，有神女降临，赠一支玉簪，后玉簪化为飞燕升天。❼望仙阁：南朝陈后主所建楼阁。❽思子台：汉武帝逼死太子刘据后，晚年后悔，建思子台以寄托哀思。❾“玉橘冰桃”句：西王母因汉武帝多次寻仙访道而降临皇宫，赐给武帝玉橘、冰桃等。❿“莲舟藜杖”句：西汉时，太乙真人坐莲舟，降临天禄阁，燃藜杖，照刘向读书。

故事

壶中天地

东汉时，汝南人费长房任市场管理员，一天看到一位卖药的老翁，旁边挂着一个壶，卖完药便跳入壶中休息。此人是传说中的仙人壶公。一次，费长房被邀请进入壶中，发现里面屋宇豪华，于是就跟随壶公学习仙术。费长房学到一些仙术，准备回家时，壶公送给他一根竹杖，说：“骑着它听任去哪里，自然会到达目的地。到家后，把竹杖投入池塘中。”费长房骑着竹杖回到家，遵照嘱咐把竹杖投入池塘，却发现它原来是一条龙。

《清刻历代画像传》中的费长房画像，描绘费长房骑着竹杖飞行的情景

原文

zhāo duì mù qù duì lái shù yǐ duì kāng zāi
朝对暮，去对来。庶矣对康哉[1]。

mǎ gān duì jī lèi xìng yǎn duì táo sāi
马肝对鸡肋[2]，杏眼对桃腮。

jiā xìng shì hǎo huái kāi shuò xuě duì chūn léi
佳兴适，好怀开。朔雪对春雷[3]。

yún yí zhī què guàn rì shài fèng huáng tái
云移鳷鹊观[4]，日晒凤凰台[5]。

hé biān shū qì yíng fāng cǎo lín xià qīng fēng dài luò méi
河边淑气迎芳草[6]，林下轻风待落梅。

liǔ mèi huā míng yàn yǔ yīng shēng hún shì xiào
柳媚花明，燕语莺声浑是笑[7]；

sōng háo bǎi wǔ yuán tí hè lì zǒng chéng āi
松号柏舞，猿啼鹤唳总成哀[8]。

注释

❶庶矣：语出《论语·子路》，人口众多。康哉：语出《尚书·益稷》，安康。❷马肝：古人认为马肝有毒，不可食。鸡肋：三国时曹操征汉中不利，发出一个号令“鸡肋”，杨修解其意，引来杀身之祸。❸朔雪：北方的雪。❹鳷鹊观：汉文帝时所建宫观，在长安甘泉宫外。❺凤凰台：古台名，南朝宋时修建，在今江苏南京南。❻淑气：温和宜人的气息。

明刻本《三才图会》中的凤凰台图

❼浑：全，都。❽号：大风发出的巨响，呼号。唳：鸟类的鸣叫。

鸡　肋

三国时，曹操出兵汉中，很长时间不能取胜。一天，负责巡哨的官员问他当夜用什么口令，曹操随口说道："鸡肋。"属下都不知道这个口令的意思，主簿（bù）杨修听了之后，便回帐中整理行装。别人问他干什么，杨修说："鸡肋这东西，吃起来没什么味道，丢弃了又太可惜，就像这次攻打汉中，久攻不下，退走又舍不得。从这个口令可以知道大王想要退兵，所以我收拾行装。"曹操知晓此事后，忌恨杨修太聪明，便借口杨修惑乱军心，将他杀了。

明人绘曹操画像

清绣像本《三国演义》中的杨修画像

原文

zhōng duì xìn bó duì gāi cǔn duó duì yí cāi
忠对信，博对赅❶。忖度对疑猜❷。

xiāng xiāo duì zhú àn què xǐ duì qióng āi
香消对烛暗，鹊喜对蛩哀❸。

jīn huā bào yù jìng tái dào jiǎ duì xián bēi
金花报❹，玉镜台❺。倒斝对衔杯❻。

yán diān héng lǎo shù shí dèng fù cāng tái
岩巅横老树，石磴覆苍苔❼。

xuě mǎn shān zhōng gāo shì wò yuè míng lín xià měi rén lái
雪满山中高士卧❽，月明林下美人来❾。

lǜ liǔ yán dī jiē yīn sū zǐ lái shí zhòng
绿柳沿堤，皆因苏子来时种❿；

bì táo mǎn guàn jìn shì liú láng qù hòu zāi
碧桃满观，尽是刘郎去后栽⓫。

注释

❶赅：广博，完备。❷忖度：推测，估计。疑猜：即猜疑。❸蛩：蟋蟀的别名，古人认为蟋蟀鸣声哀怨。❹金花报：金花帖子，唐宋以来科举考试登第者的榜帖。❺玉镜台：东晋温峤姑母托他为女儿找夫婿，他以玉镜台为聘礼，娶了姑母的女儿。❻斝：古代青铜酒器，圆口，三足。❼石磴：以石头铺砌成的台阶。❽高士卧：东汉袁安雪天在家高卧不出，人以为贤，举为孝廉。❾美人来：隋赵师雄游

明沈周绘《袁安卧雪图》（局部）

罗浮山，日暮与美人共饮，不觉醉卧。醒来在梅花树下，月影婆娑，惆怅不已。⑩“绿柳沿堤”句：宋苏轼任杭州太守时，疏浚西湖，令西湖沿堤种柳，人称苏堤。⑪“碧桃满观”句：语出唐刘禹锡《元和十年自朗州入京，戏赠看花诸君子》：“玄都观里桃千树，尽是刘郎去后栽。”

清人绘《历代名臣像解》中的苏轼画像

故事

人间美景

北宋时，苏轼曾出任杭州太守。当他视察西湖时，发现西湖已成为一片沼泽。这一年，杭州发生旱灾，农民歉收，急需救济。苏轼便将清理西湖淤泥、疏浚（jùn）河道与救济灾民联系在一起，以工代赈（zhèn），利用冬季农闲时节，征调城郊农民疏浚河道，挖掘西湖淤泥，以此发放米粮，救济灾民，结果一举两得。疏浚工程完成后，苏轼命人把挖出的淤泥在西湖中筑成一道长堤，并造了六道拱桥。堤岸种植杨柳，柳树之间又夹种桃树。从此，西湖变为人间美景。

南宋李嵩绘《西湖图卷》

原文

shí yī zhēn
十一 真

lián duì jú fèng duì lín zhuó fù duì qīng pín
莲对菊，凤对麟❶。浊富对清贫。

yú zhuāng duì fó shè sōng gài duì huā yīn
渔庄对佛舍❷，松盖对花茵❸。

luó yuè sǒu gě tiān mín guó bǎo duì jiā zhēn
萝月叟❹，葛天民❺。国宝对家珍。

cǎo yíng jīn liè mǎ huā zuì yù lóu rén
草迎金埒马❻，花醉玉楼人❼。

cháo yàn sān chūn cháng huàn yǒu sài hóng bā yuè shǐ lái bīn
巢燕三春尝唤友❽，塞鸿八月始来宾❾。

gǔ wǎng jīn lái shuí jiàn tài shān céng zuò lì
古往今来，谁见泰山曾作砺❿；

tiān cháng dì jiǔ rén chuán cāng hǎi jǐ yáng chén
天长地久，人传沧海几扬尘⓫。

注释

❶麟：麒麟，古人认为是瑞兽。❷佛舍：佛寺的房舍。❸松盖：松树枝叶茂盛，状如伞盖。花茵：花开得繁盛，像垫子一样。❹萝月叟：藤萝月下的老人。❺葛天民：葛天氏时代的百姓，生活淳朴自然，无忧无虑。❻金埒：即金勒，马具。晋王济爱马成癖，编钱为金埒。❼玉楼：华丽的楼。❽巢燕：筑巢的燕子。三春：这里指春季的第三个月。❾塞

南宋佚名绘《麒麟呈祥图》

清陈枚绘麻姑画像

鸿：塞外的鸿雁。来宾：来做宾客。⑩谁见泰山曾作砺：汉代封爵的誓词说："使河如带，泰山如砺。国以永宁，爰及苗裔。"含江山永固之意。⑪人传沧海几扬尘：仙人麻姑与王远相见，言说沧海桑田之事。

故事

沧海桑田

传说东汉时仙人王远来到蔡经家，派使者邀请师妹麻姑相见。不久，麻姑来到蔡经家，只见她头顶盘着发髻（jì），身上的衣服光彩艳丽，看上去也就十八九岁的模样，但她说已经有五百年没有和王远见面了。麻姑感叹岁月飞逝和世事变迁，对王远说："我已经看到东海三次变为桑田，刚才路过蓬莱，发现海水变浅，只有往日的一半深，难道东海又要变成桑田吗？"王远颇有同感，说："圣人都说，海中将要扬起尘土了。"后人用"沧海桑田"比喻社会或世事变化巨大。

清丁观鹏绘《麻姑献寿图》

原文

xiōng duì dì lì duì mín fù zǐ duì jūn chén
兄对弟，吏对民。父子对君臣。

gōu dīng duì fǔ jiǎ fù mǎo duì tóng yín
勾丁对甫甲❶，赴卯对同寅❷。

zhé guì kè zān huā rén sì hào duì sān rén
折桂客❸，簪花人❹。四皓对三仁❺。

wángqiáo yún wài xì guō tài yǔ zhōng jīn
王乔云外舄❻，郭泰雨中巾❼。

rén jiāo hǎo yǒu qiú sān yì shì yǒu xián qī bèi wǔ lún
人交好友求三益❽，士有贤妻备五伦❾。

wén jiào nán xuān wǔ dì píngmán kāi bǎi yuè
文教南宣，武帝平蛮开百越❿；

yì qí xī zhǐ hán hóu fú hàn juǎn sān qín
义旗西指，韩侯扶汉卷三秦⓫。

清人绘《历代名臣像解》中的郭泰画像

注释

❶勾丁：抓丁拉夫。甫甲：即补甲，补充兵员。❷赴卯：古代官府在卯时查点到班人员，赴卯相当于赶点上班。同寅：同僚。❸折桂：考试得中。❹簪花：古代朝廷赏令新考中的进士簪花，以示荣光。❺四皓：即商山四皓。三仁：商朝末年三位贤臣微子、箕子、比干。❻王乔云外舄：东汉王乔做叶县令，有道术，能将鞋变成野鸭，每月两次骑野鸭上朝。舄：鞋。❼郭泰雨中巾：东汉学者郭泰名望高，一日头巾被淋湿，一角下垂，时人争相效仿，称

“林宗巾”。❽三益：语出《论语·季氏》，即友直、友谅、友多闻。❾五伦：古人所谓君臣、父子、兄弟、夫妇、朋友五种人伦关系。❿“文教南宣”句：汉武帝平定蛮族，开拓百越之地，使文明教化推广到南方。⓫“义旗西指”句：楚汉争霸时，韩信劝说刘邦攻取三秦，尽得关中之地，为建汉打下基础。

近代房鸿勋绘《商山四皓》图（局部）

故事

商山四皓

西汉初年，商山有四个隐士，分别为东园公、夏黄公、绮（qǐ）里季、甪（lù）里先生，因为年老须发皆白，所以被称为“四皓（hào）”。汉高祖刘邦聘请他们出来做官，他们一直躲避推辞。刘邦本来立刘盈为太子，后因宠爱戚夫人，生下赵王如意，便想更换太子。吕后焦虑万分，她采纳张良的建议，把甪里先生等商山四皓请来辅佐太子。刘邦见到商山四皓，以为太子已经有了势力，便打消废掉太子的念头，刘盈因此而保住太子的位置。

清黄慎绘《商山四皓图》

原文

shēn duì wǔ kǎn duì yín ā wèi duì yīn chén
申对午，侃对訚❶。阿魏对茵陈❷。

chǔ lán duì xiāng zhǐ bì liǔ duì qīng yún
楚兰对湘芷❸，碧柳对青筠❹。

huā fù fù yè zhēnzhēn fěn jǐng duì zhū chún
花馥馥❺，叶蓁蓁❻。粉颈对朱唇。

cáo gōng jiān sì guǐ yáo dì zhì rú shén
曹公奸似鬼❼，尧帝智如神❽。

nán ruǎn cái láng chā běi fù dōng lín chǒu nǚ xiào xī pín
南阮才郎差北富❾，东邻丑女效西颦❿。

sè yàn běi táng cǎo hào wàng yōu yōu shèn shì
色艳北堂，草号忘忧忧甚事；

xiāng nóng nán guó huā míng hán xiào xiào hé rén
香浓南国，花名含笑笑何人⓫。

注释

❶侃：说话理直气壮。訚：说话和悦而持正不阿。❷阿魏、茵陈：是两味中药名。❸楚兰：楚地的兰花。湘芷：湘水的白芷。❹青筠：绿色的竹子。❺馥馥：香气浓郁。❻蓁蓁：枝叶茂盛。❼曹公奸似鬼：三国时曹操奸伪，人称“奸鬼”。❽尧帝智如神：帝尧十分聪明，《史记》中称“其智如神”。❾南阮才郎差北富：晋代洛阳阮氏，居道北者富，居道南者贫而多才，如阮籍、阮咸等。❿东邻丑女效西颦：东施效颦的典故。⓫“色艳北堂”、“香浓南国”两句：

唐孙位绘《高逸图》中的阮籍画像

语出北宋大臣丁谓，欧阳修《归田录》书中有记载。忘忧：萱草，也叫忘忧草。含笑：含笑花，产于我国南方。

清康焘绘《西施归隐图》

故事

东施效颦

春秋时，越国有个绝色美女名叫西施。她长得非常漂亮，无论怎样打扮，一举一动都是很美的。西施有个心口痛的毛病，犯病时总是用手捂住胸口，紧皱眉头。她这副病态，在别人眼里也是妩媚可爱的。西施的邻居名叫东施，长得很丑。她对西施打心眼里羡慕，觉得只有模仿西施去做，就会美起来。她见西施的病态很美，于是照葫芦画瓢（piáo）地模仿起来。然而人们一见她捧心皱眉的样子，都吓得远远地躲开。她本来就丑，再加上做出那副样子，人们觉得她更难看了。

明阮祥宇编《梨园会选古今传奇滚调新词乐府万象新》中的插图《西施女诉心病》，中间坐者为西施，右侧坐者为东施，此图自东施效颦典故演化而来

原文

十二文

yōu duì xǐ qī duì xīn wǔ diǎn duì sān fén
忧对喜，戚对欣❶。五典对三坟❷。

fó jīng duì xiān yǔ xià nòu duì chūn yún
佛经对仙语，夏耨对春耘❸。

pēng zǎo jiǔ jiǎn chūn qín mù yǔ duì zhāo yún
烹早韭，剪春芹。暮雨对朝云。

zhú jiān xié bái jiē huā xià zuì hóng qún
竹间斜白接❹，花下醉红裙❺。

zhǎng wò líng fú wǔ yuè lù yāo xuán bǎo jiàn qī xīng wén
掌握灵符五岳箓❻，腰悬宝剑七星纹❼。

jīn suǒ wèi kāi shàng xiàng qū tīng gōng lòu yǒng
金锁未开，上相趋听宫漏永❽；

zhū lián bàn juǎn qún liáo yǎng duì yù lú xūn
珠帘半卷，群僚仰对御炉熏❾。

注释

❶戚：忧伤。❷五典：传说中少昊、颛顼、高辛、尧、舜的图书。三坟：传说中伏羲、黄帝、神农的图书。❸耨：锄草。耘：除去田里的杂草。❹白接：即白接篱，用白鹭羽毛作装饰的帽子。西晋名士山简做襄阳太守时，常醉后骑马出行，倒戴白接篱。❺红裙：指美女。❻五岳箓：道教的一种符箓，相传可以役鬼神，避病邪。❼七星纹：宝剑上镶嵌的北斗七星图案。❽“金

南朝梁张僧繇绘《神农伏羲像轴》

锁未开”句：宫门的锁还未打开，宰相前去听宫中漏壶长长的滴水声。❾“珠帘半卷”句：珍珠帘子卷起一半，百官仰首面对御前香炉缭绕的香气。

清费丹旭绘《醉卧芍药茵》

故事

名士山简

山简是魏晋之际“竹林七贤”之一山涛的儿子，字季伦，西晋河内怀县人。他性情温雅，却嗜酒成性，晋怀帝时出任征南将军，仍以饮酒悠游为乐。他经常喝醉，衣衫不整，为此人们为他编了一首歌谣，说：“山公经常喝醉，直接去高阳池，黄昏时倒卧着回来，醉得一塌糊涂。然而他却能骑骏马，倒戴着白接篱，举手问手下爱将葛强，我比你这个并州人怎么样？”将山简醉后狂放的形象刻画得栩（xǔ）栩如生。

天津杨柳青年画《竹林七贤》，山简为七贤之一山涛的儿子

原文

cí duì fù lǎn duì qín lèi jù duì qún fēn
词对赋，懒对勤。类聚对群分[1]。

luánxiāo duì fèng dí dài cǎo duì xiāng yún
鸾箫对凤笛[2]，带草对香芸[3]。

yān xǔ bǐ hán liǔ wén jiù huà duì xīn wén
燕许笔[4]，韩柳文[5]。旧话对新闻。

hè hè zhōu nán zhòng piānpiān jìn yòu jūn
赫赫周南仲[6]，翩翩晋右军[7]。

liù guó shuì chéng sū zǐ guì liǎng jīng shōu fù guō gōng xūn
六国说成苏子贵[8]，两京收复郭公勋[9]。

hàn què chén shū kǎn kǎn zhōng yán tuī jiǎ yì
汉阙陈书，侃侃忠言推贾谊[10]；

táng tíng duì cè yán yán zhí jiàn yǒu liú fén
唐廷对策，岩岩直谏有刘蕡[11]。

注释

❶类聚、群分：语出《周易·系辞》："方以类聚，物以群分。"指人或事物按其性质分门别类各自聚集。❷鸾箫、凤笛：是箫和笛的美称。❸带草：书带草。香芸：一种香草，能驱虫，古代藏书家用以防蠹。❹燕许笔：唐燕国公张说、许国公苏颋以文章名世，时人称为"燕许大手笔"。❺韩柳文：唐古文家韩愈、柳宗元，为"唐宋八大家"中的二家。❻赫赫周南仲：语出《诗经·小雅·出车》，南仲为周宣王时大将，曾率兵击败南侵

清人绘柳宗元画像

的猃狁族。❼翩翩晋右军：东晋书法家王羲之，人称“王右军”，风度翩翩。❽六国说成苏子贵：战国苏秦劝六国合纵，身披六国相印。❾两京收复郭公勋：唐郭子仪平定安史之乱，收复长安、洛阳两京，功勋卓著。❿“汉阙陈书”句：西汉贾谊上书汉文帝，指出多种政治弊端。⓫“唐廷对策”句：唐刘蕡在策问中痛斥宦官之弊，考官不敢录取他。

清人绘郭子仪画像

苏秦合纵

战国时，苏秦根据天下大势判断，只有六国联合起来对付秦国，才能防止被秦国吞并。他凭借三寸不烂之舌游说六国，使六国君主都听从他的劝说。六国君主同意进行联合，任命苏秦为合纵长，并让他同时担任六国相国之职。事情成功后，苏秦前去向赵王报告，路过洛阳时，随行的车辆物资极多，各国派遣送他的使节人数也很多，场面壮观，仿佛王者出行。苏秦以一人而任六国相国，是历史上从未有过的事情，可见苏秦当时地位的尊贵。

天津杨柳青年画《六国封相》，讲述苏秦身佩六国相印，衣锦还乡的故事

原文

yán duì xiào jì duì xūn lù shǐ duì yáng fén
言对笑，绩对勋。鹿豕对羊羵❶。

xīngguān duì yuè shàn bǎ mèi duì shū qún
星冠对月扇❷，把袂对书裙❸。

tāng shì gě yuè xīng yīn luó yuè duì sōng yún
汤事葛❹，说兴殷❺。萝月对松云❻。

xī chí qīngniǎo shǐ běi sài hēi yā jūn
西池青鸟使❼，北塞黑鸦军❽。

wén wǔ chéngkāng wéi yí dài wèi wú shǔ hàn dìng sān fēn
文武成康为一代❾，魏吴蜀汉定三分❿。

guì yuàn qiū xiāo míng yuè sān bēi yāo qū kè
桂苑秋宵，明月三杯邀曲客⓫；

sōng tíng xià rì xūn fēng yì qǔ zòu tóng jūn
松亭夏日，薰风一曲奏桐君⓬。

注释

❶鹿豕：鹿和猪。羊羵：即羵羊，土中的怪物。❷星冠：道士的帽子。月扇：团扇。❸把袂：拉住衣袖，表示亲昵。书裙：东晋书法家王献之赏识羊欣，趁他睡觉在其绢裙上写下许多字。羊欣受到启发，书法大进。❹汤事葛：商汤供奉葛国，但葛君却不祀鬼神，商汤起兵灭之。❺说兴殷：傅说是为人筑墙的奴隶，武丁重用他，使商朝得以中兴。❻萝月：藤萝间的明月。❼青

清任熊绘《献之书裙图》，描绘王献之在羊欣裙上写字的场景

鸟使：传说西王母降临人间前，以青鸟为信使。❽黑鸦军：唐末李克用率领的守塞军皆穿黑衣，号称“黑鸦军”。❾文武成康为一代：西周初年的文王、武王、成王、康王，开创了一个承平时代。❿魏吴蜀汉定三分：东汉以后，魏、蜀、吴确定了三分天下的格局。⓫曲客：酒友。⓬薰风：和暖的风，这里指舜所作《南薰之歌》。桐君：古琴。

清人绘傅说画像

故事

傅说兴殷

武丁是商朝较有作为的一个国王，未继承王位前，在虞山考察时遇到傅说（yuè），对他的政治才能十分钦佩，发誓一定要重用他。武丁即位后，对朝臣说：“我梦见一个叫傅说的圣人，在虞山的工地上干活，如果能得到他，国家一定会繁荣昌盛。”朝臣按照他的描述，在虞山找到傅说。武丁马上拜傅说为相，在他的辅佐下，武丁统治时期经济发展，政治清明，出现了一派繁荣景象，史称“武丁中兴”。

清末《钦定书经图说·说命》一章中的《朝夕纳诲图》，描绘武丁朝夕聆听傅说教诲的场景

原文

十三元

shí sān yuán
十三元

bēi duì zhǎng jì duì kūn yǒngxiàng duì chángmén
卑对长，季对昆。永巷对长门❶。

shān tíng duì shuǐ gé lǚ shè duì jūn tún
山亭对水阁，旅舍对军屯❷。

yáng zǐ dù xiè gōng dūn dé zhòng duì nián zūn
扬子渡❸，谢公墩❹。德重对年尊。

chéngqián duì chū zhèn dié kǎn duì chóng kūn
承乾对出震，叠坎对重坤❺。

zhì shì bào jūn sī quǎn mǎ rén wáng yǎng lǎo chá jī tún
志士报君思犬马❻，仁王养老察鸡豚❼。

yuǎn shuǐ píng shā yǒu kè fàn zhōu táo yè dù
远水平沙，有客泛舟桃叶渡❽；

xié fēng xì yǔ hé rén xié kē xìng huā cūn
斜风细雨，何人携榼杏花村❾。

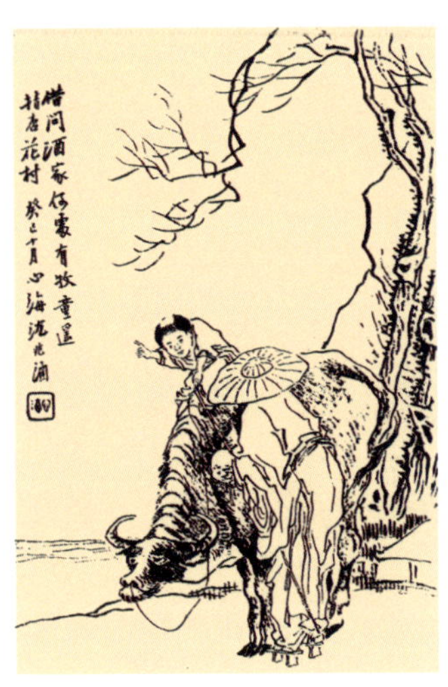

清沈兆涵绘杜牧《清明》诗意图

注释

❶永巷：汉代拘禁犯罪嫔妃宫女的地方。长门：汉宫名，汉武帝时陈皇后失宠后居住的地方。❷军屯：军队驻扎的地方。❸扬子渡：古津渡名，在今江苏江都南。❹谢公墩：山名，在今江苏江宁北，东晋谢安曾在山中居住。❺承乾、出震、叠坎、重坤：是《周易》中的四个卦象名。❻志士报

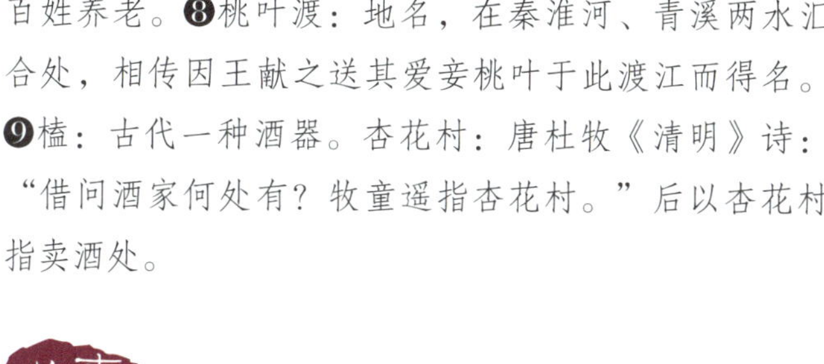

君思犬马：有志之士想像犬马那样报效君王。❼仁王养老察鸡豚：仁爱的君王通过明察鸡和猪的畜养来给百姓养老。❽桃叶渡：地名，在秦淮河、青溪两水汇合处，相传因王献之送其爱妾桃叶于此渡江而得名。❾榼：古代一种酒器。杏花村：唐杜牧《清明》诗："借问酒家何处有？牧童遥指杏花村。"后以杏花村指卖酒处。

清人绘《历代名臣像解》中的谢安画像

故事

东山再起

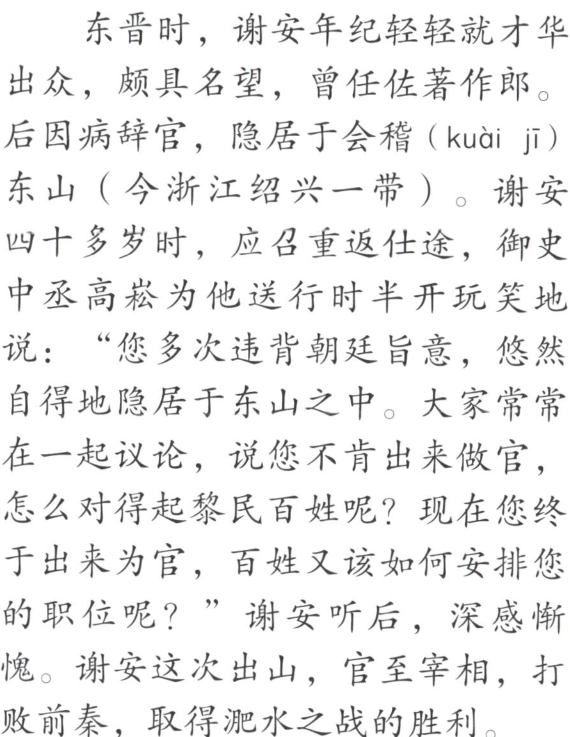

东晋时，谢安年纪轻轻就才华出众，颇具名望，曾任佐著作郎。后因病辞官，隐居于会稽（kuài jī）东山（今浙江绍兴一带）。谢安四十多岁时，应召重返仕途，御史中丞高崧为他送行时半开玩笑地说："您多次违背朝廷旨意，悠然自得地隐居于东山之中。大家常常在一起议论，说您不肯出来做官，怎么对得起黎民百姓呢？现在您终于出来为官，百姓又该如何安排您的职位呢？"谢安听后，深感惭愧。谢安这次出山，官至宰相，打败前秦，取得淝水之战的胜利。

清苏六朋绘《东山报捷图》，描绘东晋军队在淝水作战获胜，信使传送捷报，而谢安正在悠闲下棋的场景

原文

jūn duì xiàng　zǔ duì sūn　xī zhào duì zhāo xūn
君对相，祖对孙。夕照对朝曛❶。

lán tái duì guì diàn　hǎi dǎo duì shān cūn
兰台对桂殿❷，海岛对山村。

bēi duò lèi　fù zhāo hún　bào yuàn duì huái ēn
碑堕泪❸，赋招魂❹。报怨对怀恩。

líng mái jīn tǔ qì　tián zhòng yù shēng gēn
陵埋金吐气❺，田种玉生根❻。

xiàng fǔ zhū lián chuí bái zhòu　biān chéng huà jiǎo dòng huáng hūn
相府珠帘垂白昼，边城画角动黄昏❼。

fēng yè bàn shān　qiū qù yān xiá kān yǐ zhàng
枫叶半山，秋去烟霞堪倚杖❽；

lí huā mǎn dì　yè lái fēng yǔ bù kāi mén
梨花满地，夜来风雨不开门❾。

蘭臺銘
高臺巖業北斗傍上有猗蘭王
者香紫莖綠葉清且芳誰其居
之秘書郎秘書郎繙緗帙然青
藜来太乙　獨醒客程大約

明程大约撰《程氏墨苑》中的《兰台图》

注释

❶朝曛：早晨的阳光。❷兰台：汉代宫廷内收藏图书的地方。桂殿：对寺观殿宇的美称。❸碑堕泪：西晋羊祜死后，襄阳人在岘山建碑纪念，见者莫不堕泪，故称堕泪碑。❹赋招魂：《楚辞》中有宋玉所作《招魂》篇，相传是为招屈原之魂而作。❺陵埋金吐气：秦始皇埋金于金陵(今南京)钟山，以镇王气，故称金陵。❻田种玉生根：《搜神记》记载，晋杨伯雍汲水于岭上供过客

饮用，三年后有一人饮水后赠石一斗，说种在田里可生玉石。❼画角：古代一种管乐器，传自西羌，发声哀厉高亢，军中多用以振士气，肃军容。❽烟霞：泛指山水、山林。堪：可以。❾“梨花满地”句：语出唐刘方平《春怨》诗：“寂寞空庭春欲晓，梨花满地不开门。”

秦始皇画像

故事

堕泪碑

三国末年，面对曹氏与司马氏的争斗，羊祜（hù）轻裘缓带，无意于功名利禄。司马炎称帝后，羊祜任中军将军，镇守荆州。在任期间，安抚人心，开设学校，淳化民风；同时开垦屯田，储备军粮，训练士卒。由于勤政亲民，深得百姓爱戴。羊祜病逝后，当地百姓为之罢市，街巷哭声不绝，守边将士也为之泪下。后来，民众在他生前爱游览的岘（xiàn）山建庙立碑，经常去祭祀，看见碑的人没有不落泪的，羊祜的继任者杜预称之为“堕泪碑”。

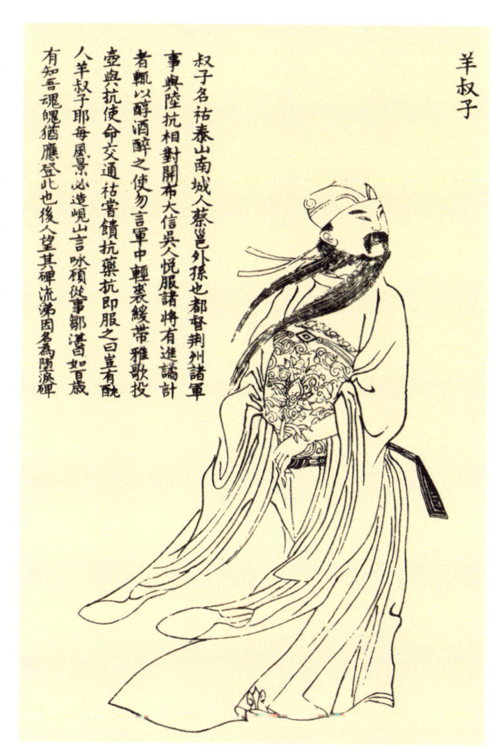

清金谷良绘《无双谱》中的羊祜画像

shí sì hán

十四寒

jiā duì guó, zhì duì ān. dì zhǔ duì tiān guān.
家对国，治对安。地主对天官❶。

kǎn nán duì lí nǚ, zhōu gào duì yīn pán.
坎男对离女❷，周诰对殷盘❸。

sān sān nuǎn, jiǔ jiǔ hán. dù zhuàn duì bāo tán.
三三暖❹，九九寒❺。杜撰对包弹❻。

gǔ bì qióng shēng zā, xián tíng hè yǐng dān.
古壁蛩声匝❼，闲亭鹤影单。

yàn chū lián biān chūn jì jì, yīng wén zhěn shàng lòu shān shān.
燕出帘边春寂寂❽，莺闻枕上漏珊珊❾。

chí liǔ yān piāo, rì xī láng guī qīng suǒ tà;
池柳烟飘，日夕郎归青琐闼❿；

qì huā yǔ guò, yuè míng rén yǐ yù lán gān.
砌花雨过，月明人倚玉栏杆⓫。

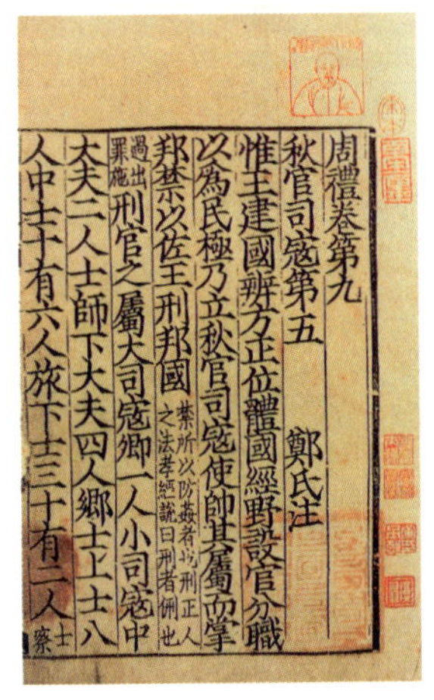
周禮卷第九
秋官司寇第五　鄭氏注
惟王建國辨方正位體國經野設官分職
以爲民極乃立秋官司寇使帥其屬而掌
邦禁以佐王刑邦國禁所以防姦者也刑正人之法孝經説曰刑者侀也
過出罪施刑官之屬大司寇卿一人小司寇中
大夫二人士師下大夫四人鄉士上士八
人中士十有六人旅下士三十有二人士察

《周礼》书影

注释

❶天官：官名，《周礼》分设六官，以天官冢宰居首，总御百官。❷坎男、离女：坎和离都是《周易》卦名，坎为中男，离为中女。❸周诰、殷盘：《尚书》中记载西周的文献称“周诰”，如《康诰》、《洛诰》等；记载殷商的文献有《盘庚》三篇，故称“殷盘”。❹三三：农历三月三日上巳节，古人认为天气从这一天变暖。❺九九：农历九月九日重阳节，古人认为天气从这一天变冷。❻杜撰：宋代

诗人杜默作诗不合格律，人们称其诗为“杜撰”。包弹：宋代包拯为御史中丞，不避权贵，人谓之“包弹”。❼匝：环绕，满。❽寂寂：孤单、冷落的样子。❾珊珊：缓慢移动的样子。❿青琐闼：装饰有青色连环花纹的门。⓫砌花雨过：即雨过花砌。花砌，两旁种满花的台阶。

清殿藏本包拯画像

故事

清官包拯

包拯是北宋政治家，仁宗时任监察御史，出使契丹，后历任三司户部判官、转运使、天章阁待制、龙图阁直学士、枢密副使等职。包拯为官清廉正直，执法严峻，在庐州任职时，执法不避亲。在开封府任职时，开正门令诸公到堂前，自陈曲直，杜绝吏奸。在朝中刚毅正直，不畏权贵，贵戚宦官都为之收敛，京师传有“关节不到，有阎罗包老”的赞语。他的事迹长期流传，小说、戏曲多有取材，至明代被敷衍成公案小说《龙图公案》。

明臧懋循编《元曲选图》之《包待制陈州粜米》，讲述包拯在陈州放粮赈济灾民的故事

原文

féi duì shòu zhǎi duì kuān huángquǎn duì qīngluán
肥对瘦，窄对宽。黄犬对青鸾[1]。

zhǐ huán duì yāo dài xǐ bō duì tóu gān
指环对腰带，洗钵对投竿[2]。

zhū nìng jiàn jìn xiánguān huà dòng duì diāo lán
诛佞剑[3]，进贤冠[4]。画栋对雕栏[5]。

shuāngchuí bái yù zhù jiǔ zhuǎn zǐ jīn dān
双垂白玉箸[6]，九转紫金丹[7]。

shǎn yòu táng gāo huái shào bó hé nán huā mǎn yì pān ān
陕右棠高怀召伯[8]，河南花满忆潘安[9]。

mò shàng fāng chūn ruò liǔ dāng fēng pī cǎi xiàn
陌上芳春，弱柳当风披彩线[10]；

chí zhōng qīng xiǎo bì hé chéng lù pěng zhū pán
池中清晓，碧荷承露捧珠盘[11]。

清钱慧安绘《鸾凤和鸣》图

注释

❶青鸾：传说中凤凰一类的神鸟。❷投竿：垂钓。❸诛佞剑：汉代朱云正直敢言，求赐上方剑斩一佞臣。皇帝问斩谁，朱正说斩安昌侯张禹。❹进贤冠：古代儒者所戴的一种帽子。❺画栋：有彩绘装饰的栋梁。雕栏：雕花彩饰的栏杆。❻白玉箸：佛教称人死后下垂的鼻涕，认为是成佛的象征。❼紫金丹：道家所炼金丹，须炼多次，谓之九转金丹。❽陕右棠高怀召伯：西周召公有德政，曾在甘棠树

下理政，后人怀念召伯，不忍伐其树。❾河南花满忆潘安：晋代潘安任河阳令，在县中满栽桃李，人称“河阳一县花”。❿披：飘动。⓫清晓：清晨。

清人绘《历代名臣像解》中的召公画像

故事

召伯甘棠

召公是西周初年大臣，武王去世后，与周公一起辅佐年幼的成王。召公主张德政，经常深入民间了解百姓疾苦。据说他巡视南方时，常在田间地头听取百姓心声，解决邻里纠纷，为此曾在一棵甘棠树下歇宿。在他的治理下，上至国君诸侯，下至黎民百姓，都勤于职守，没有人因怠惰而误事。召公去世后，老百姓十分怀念他，谁也不忍心砍伐这棵甘棠树。《诗经·召南》中写道：“甘棠树，高又大，莫剪它呀莫砍它，召公曾宿在树下。”充分体现了百姓对召公的爱戴之情。

清末《钦定书经图说·康诰》一章中的《明德慎罚图》，描绘召公勤于政事，在甘棠树下与百姓交谈的场景

原文

xíng duì wò　tīng duì kàn　lù dòng duì yú tān
行对卧，听对看。鹿洞对鱼滩❶。

jiāo téng duì bào biàn　hǔ jù duì lóng pán
蛟腾对豹变❷，虎踞对龙蟠❸。

fēng lǐn lǐn　xuě mànmàn　shǒu là duì xīn suān
风凛凛，雪漫漫。手辣对心酸。

yīngyīng duì yàn yàn　xiǎoxiǎo duì duānduān
莺莺对燕燕❹，小小对端端❺。

lán shuǐ yuǎn cóng qiān jiàn luò　yù shān gāo bìng liǎng fēng hán
蓝水远从千涧落，玉山高并两峰寒❻。

zhì shèng bù fán　xī xì liù líng chén zǔ dòu
至圣不凡，嬉戏六龄陈俎豆❼；

lǎo lái dà xiào　chénghuān qī zhì wǔ bān lán
老莱大孝，承欢七秩舞斑斓❽。

注释

❶鹿洞：指白鹿洞，位于江西九江庐山五老峰下。❷豹变：像豹子身上的花纹那样发生显著变化，语出《周易·革卦》。❸虎踞、龙蟠：像老虎蹲坐、巨龙盘身一样，形容地势险要，易守难攻。❹莺莺、燕燕：都是人名，用来比喻歌姬、舞女。❺小小：南朝齐时钱塘名妓苏小小。端端：唐代名妓李端端。❻“蓝水远从千

明佚名绘《孔子圣迹图》之《俎豆礼容》，描绘孔子六岁时陈列礼器，模仿大人行礼的场景

涧落”两句：语出杜甫七律《九日蓝田崔氏庄》中的第五、六句，意为蓝溪的水远远地从千条溪涧中奔泻过来，玉山高耸，两峰并峙，凛然生寒。❼“至圣不凡”句：孔子童年嬉戏时，常常陈列礼器，模仿大人行礼。❽“老莱大孝”句：老莱子戏彩娱亲的故事。

明唐寅绘《李端端像》

戏彩娱亲

老莱子是春秋时期楚国人，对父母非常孝顺。为了让父母开心，老莱子经常穿着颜色鲜艳的衣服，作婴儿模样，在父母身边游戏歌舞，让他们高兴；或者在父母面前摆弄小鸟，并做出顽皮的样子，逗父母开心。一次，他挑着两桶水来到堂上，进屋时故意跌倒，把自己弄得湿淋淋的，而他则躺在地上学婴儿哭，样子十分滑稽，逗得年迈的父母哈哈大笑。孔子说：“对于父母来说，年迈并不算老；而让父母伤心，才是真正的老。像老莱子这样，才可以说得上是不失孺（rú）子之心啊！”

清王素绘《二十四孝图》之《老莱子弄彩娱亲》

原文

shí wǔ shān
十五删

lín duì wù lǐng duì luán zhòuyǒng duì chūnxián
林对坞❶，岭对峦。昼永对春闲❷。

móushēn duì wàngzhòng rèn dà duì tóu jiān
谋深对望重，任大对投艰❸。

qún niǎoniǎo pèi shānshān shǒu sài duì dāngguān
裙袅袅❹，佩珊珊❺。守塞对当关❻。

mì yún qiān lǐ hé xīn yuè yì gōu wān
密云千里合，新月一钩弯。

shū bǎo jūn chén jiē zòng yì chóng huá fù mǔ shì yín wán
叔宝君臣皆纵逸❼，重华父母是嚚顽❽。

míngdòng dì jī xī shǔ sān sū lái rì xià
名动帝畿，西蜀三苏来日下❾；

zhuàng yóu jīng luò dōng wú èr lù qǐ yún jiān
壮游京洛，东吴二陆起云间❿。

唐阎立本绘《历代帝王图卷》中的陈后主画像

注释

❶坞：防守用的小堡，又指四边如屏障的花木深处。❷昼永：白天很长。❸任大：责任重大。投艰：赋予重任。❹袅袅：衣裙随风摆动的样子。❺珊珊：玉佩碰击发出的声音。❻守塞：防守边塞。当关：把守关隘。❼叔宝君臣皆纵逸：南朝陈后主荒淫无道，常召集江总等大臣纵情声色，不理朝政。❽重华父母是嚚顽：

帝舜的父母愚蠢而顽固，曾多次设计想把他害死。❾“名动帝畿”句：宋代文学家苏洵和儿子苏轼、苏辙初到京师，就以出众的才华名震一时，人称“三苏”。❿“壮游京洛”句：西晋文学家陆机、陆云兄弟在东吴灭亡后，都到洛阳从政。

清人绘帝舜画像

故事

大智帝舜

舜是上古部落联盟领袖，父亲瞽（gǔ）叟愚昧无知，继母嚣张放肆，弟弟傲慢无礼。他们总想杀掉舜，但都被舜躲过，而舜宽容他们，并不计较。舜在历山耕种时，大象赶过来帮他耕地，飞鸟围过来帮他锄草。后来，父母让他在河边制造陶器，陶器不会破裂；让他到雷泽去捕鱼，遭遇大风雷雨，却安然无恙。帝尧让九个儿子和舜交往，同时将两个女儿嫁给舜。舜辅佐帝尧二十八年，举贤任能，把国家治理得很太平。帝尧觉得舜值得信赖，便把帝位禅（shàn）让给了他。

清王素绘《二十四孝图》之《虞舜孝行感天》

原文

lín duì fǎng　lìn duì qiān　tǎo nì duì píngmán
临对仿，吝对悭❶。讨逆对平蛮❷。

zhōng gān duì yì dǎn　wù bìn duì yún huán
忠肝对义胆❸，雾鬓对云鬟❹。

mái bǐ zhǒng　làn kē shān　yuè mào duì tiān yán
埋笔冢❺，烂柯山❻。月貌对天颜。

lóng qián zhōng dé yuè　niǎo juàn yì zhī huán
龙潜终得跃❼，鸟倦亦知还❽。

lǒng shù fēi lái yīng wǔ lǜ　chí yún mì chù zhè gū bān
陇树飞来鹦鹉绿❾，池筠密处鹧鸪斑❿。

qiū lù héng jiāng　sū zǐ yuè míng yóu chì bì
秋露横江，苏子月明游赤壁⓫；

dòng yún mí lǐng　hán gōng xuě yōng guò lán guān
冻云迷岭，韩公雪拥过蓝关⓬。

注释

❶悭：吝啬。❷平蛮：平定蛮族叛乱。❸忠肝、义胆：指忠心耿耿，仗义行事。❹雾鬓：浓密秀美的头发。云鬟：高耸的发髻。❺埋笔冢：隋代智永学书用坏的笔有十几瓮，后来埋成一墓，人称“退笔冢”。❻烂柯山：又名石室山，在今浙江衢州南，相传是樵夫王质遇仙处。❼龙潜终得跃：语出《周易·乾卦》：“初九，潜龙勿用。”❽鸟倦亦知还：语出陶渊明《归去来辞》：“云无心以出岫，鸟倦飞而知还。”❾陇树：田垄上的树。❿池筠：池

清殿藏本韩愈画像

清黄山寿绘《赤壁夜游图》，描绘苏轼被贬黄洲，夜间与友人泛舟游赤壁的场景

塘竹丛。⑪“秋露横江”句：宋代苏轼被贬黄州时，曾月夜泛舟游赤壁。⑫“冻云迷岭”句：唐代韩愈因谏迎佛骨被贬潮州，路上作《左迁至蓝关示侄孙湘》诗，其中有“云横秦岭家何在？雪拥蓝关马不前”的名句。

故事

观棋烂柯

传说晋代有个叫王质的樵夫，一天到信安郡石室山中砍柴，走进一处石室，看见两个童子正在下围棋，于是就站在旁边观看。王质觉得有点饿，童子送给他一枚状如枣核的东西，含在嘴里便不觉得饥饿。一局还没下完，两个童子提醒他说：“你怎么还不回家呢？”王质回头一看，大吃一惊，发现斧头的木柄已经腐烂，于是赶紧下山回家。谁知家中已面目全非，亲朋好友早已不在人世。一打听才知道，自己已经离家几十年了。

清马骀绘《仙佛图像画谱》之《王质烂柯》，描绘王质观看两个仙童下棋的场景

下　卷

元王渊（款）《荷花图》

原文

一先

寒对暑，日对年。蹴踘对秋千❶。
丹山对碧水，淡雨对覃烟❷。
歌宛转，貌婵娟❸。雪赋对云笺❹。
荒芦栖南雁，疏柳噪秋蝉。
洗耳尚逢高士笑❺，折腰肯受小儿怜❻。
郭泰泛舟，折角半垂梅子雨❼；
山涛骑马，接䍦倒着杏花天❽。

注释

❶蹴踘：古代的一种踢球游戏。❷覃烟：连绵不断横浮在低空的烟雾。❸婵娟：姿态美好的样子。❹雪赋：描写雪的赋。云笺：有云状花纹的纸。❺洗耳尚逢高士笑：许由洗耳的典故。❻折腰肯受小儿怜：晋陶渊明为彭泽令，有督邮至，拒绝奉承，说不能为了五斗米的俸禄折腰去见乡里小儿，于

清黄慎绘《蹴鞠图》

是辞官归隐。❼“郭泰泛舟”句：东汉学者郭泰名望高，一日头巾被淋湿，一角下垂，时人争相效仿，把头巾折起一角，称“林宗巾”。❽“山涛骑马”句：西晋名士山简做襄阳太守时，常醉后骑马出行，倒戴白接篱。山涛是山简的父亲，此处属于误用典故。

许由洗耳故事铜镜

故事

不为五斗米折腰

东晋时，陶渊明曾担任彭泽县令。他不贪图荣华富贵，也不喜欢官场应酬，从不与上司拉关系。一次，郡守派督邮（执掌督查政务的官吏）到县里来巡查。陶渊明的属下请他去亲自迎接，并要行叩头拜见之礼。陶渊明心里很不痛快，说道：“我不能为了区区五斗米的俸禄，去向无知的小人行礼。”于是，他辞官而去，并写下《归去来辞》，表达了对官场的厌恶和对田园生活的热爱。

明马轼等绘《归去来辞图》（局部），讲述陶渊明辞官回乡的故事

原文

qīng duì zhòng　féi duì jiān　bì yù duì qīngqián
轻对重，肥对坚。碧玉对青钱❶。

jiāo hán duì dǎo shòu　jiǔ shèng duì shī xiān
郊寒对岛瘦❷，酒圣对诗仙❸。

yī yù shù　bù jīn lián　záo jǐng duì gēng tián
依玉树❹，步金莲❺。凿井对耕田。

dù fǔ qīngxiāo lì　biānsháo bái zhòumián
杜甫清宵立❻，边韶白昼眠❼。

háo yǐn kè tūn bō dǐ yuè　hān yóu rén zuì shuǐ zhōng tiān
豪饮客吞波底月，酣游人醉水中天❽。

dòu cǎo qīng jiāo　jǐ háng bǎo mǎ sī jīn lè
斗草青郊，几行宝马嘶金勒❾；

kàn huā zǐ mò　qiān lǐ xiāng chē yōng cuì diàn
看花紫陌，千里香车拥翠钿❿。

注释

❶青钱：用青铜铸的钱币。❷郊寒：孟郊的诗给人以清寒冷峻的感觉。岛瘦：贾岛的诗给人以瘦硬的感觉。❸酒圣：晋人刘伶嗜酒如命，后世称其为“酒圣”。诗仙：李白气韵飘逸，被称为“诗仙”。❹玉树：比喻风度潇洒的美男子。❺金莲：南朝梁帝萧宝卷用金制莲花贴在地上，让潘妃在上面走，称为“步步生莲花”。❻清宵立：语出杜甫《恨别》诗：“思家步月清宵立，忆弟看云白日眠。”❼白昼眠：东汉边韶常白天睡觉，弟子嘲笑他：“边孝先，腹便便。懒读书，昼贪眠。”❽“豪饮客吞波底月”两句：从

清人绘《历代名臣像解》中的孟郊画像

清改琦绘《斗草图》（局部）

杜甫《饮中八仙歌》中“饮如长鲸吸百川”和“眼花落井水底眠”等句演化而来，形容醉酒的情态。❾斗草：古代的一种游戏，竞争采摘花草，比多寡优劣。❿紫陌：京城郊野的道路。翠钿：用珠玉雕饰的首饰，指贵族妇女。

故事

金莲布地

南朝齐末代皇帝萧宝卷自幼骄奢淫逸，放纵不羁（jī），经常做出一些离谱的事情，根本不具备执政的能力。他的父亲萧鸾就是个篡权之主，手段阴险毒辣，曾对他留下“作事不可在人后”的遗训，此话被萧宝卷发挥到极致，满朝文武稍有不合其意便大加诛戮（lù），手段残忍至极。萧宝卷生活荒淫，大修殿台楼阁，曾命人把金子凿成莲花状铺在地上，让宠爱的潘妃在莲花上行走，称之为“步步生莲花”。后以金莲指女子纤足。

明张居正撰《帝鉴图说》插图《金莲布地》，描绘东昏侯萧宝卷让潘妃在莲花上行走的情景

原文

yín duì yǒng　shòu duì chuán　lè　yǐ　duì　qī　rán
吟对咏，授对传。乐矣对凄然❶。

fēngpéng duì xuě yàn　dǒngxìng duì zhōu lián
风鹏对雪雁❷，董杏对周莲❸。

chūn jiǔ shí　suì sān qiān　zhōng gǔ duì guǎnxián
春九十❹，岁三千❺。钟鼓对管弦。

rù shānféng zǎi xiàng　wú shì jí shénxiān
入山逢宰相❻，无事即神仙。

xiá yìng wǔ líng táo dàn dàn　yān huāng suí dī liǔ miánmián
霞映武陵桃淡淡❼，烟荒隋堤柳绵绵❽。

qī wǎn yuè tuán　chuò bà qīngfēngshēng yè xià
七碗月团，啜罢清风生腋下❾；

sān bēi yún yè　yǐn yú hóng yǔ yùn sāi biān
三杯云液，饮余红雨晕腮边❿。

明刻本《三才图会》中的陶弘景画像

注释

❶凄然：凄凉悲伤的样子。❷风鹏：乘风而飞的大鹏。雪雁：大雁的一种，羽毛雪白。❸董杏：三国东吴董奉为人治病不取报酬，仅要求重病愈者植杏树五株，轻者一株，数年后蔚然成林。周莲：宋周敦颐喜爱莲花，作《爱莲说》。❹春九十：春季三个月共九十天。❺岁三千：传说西王母所种蟠桃三千年一熟，极言年寿之长。❻入山逢宰相：南朝梁陶弘景隐居

山中，梁武帝常向他咨询国是，人称“山中宰相”。❼武陵桃：《桃花源记》记载，武陵一位渔夫偶遇一片桃花林，进去发现一处世外桃源。❽隋堤：隋炀帝开凿大运河，河堤多植杨柳，称“隋堤”。❾“七碗月团”句：语出唐卢仝《走笔谢孟谏议新茶》：“七碗吃不得也，唯觉两腋习习清风生。”月团，茶名。❿云液：古代扬州美酒，用以泛指美酒。

世外桃源

东晋时，一个渔夫无意间来到一片桃林。穿过桃林，又见到一个山口，进去后发现里面是平坦的田地，还住着许多人，到处是一片安乐祥和的气氛。渔夫和他们交谈后才知道，这些人的祖辈为逃避秦朝战乱，来到这个与世隔绝的地方，连外界几次改朝换代都不知道。渔夫离开前，人们一再叮嘱他不要对别人说起这个地方。渔夫把这件离奇的事报告给太守，太守立即派人跟渔夫去寻找，可到处都是桃林，再也找不到那个地方了。

明陆治绘《桃花源图》（局部）

原文

zhōng duì wài　hòu duì xiān　shù xià duì huā qián
中对外，后对先。树下对花前。

yù zhù duì jīn wū　dié zhàng duì píng chuān
玉柱对金屋❶，叠嶂对平川❷。

sūn zǐ cè　zǔ shēng biān　shèng xí duì huá yán
孙子策❸，祖生鞭❹。盛席对华筵❺。

jiě zuì zhī chá lì　xiāo chóu shí jiǔ quán
解醉知茶力，消愁识酒权❻。

sī jiǎn jì hé kāi dòng zhǎo　jǐn zhuāng fú yàn fàn wēn quán
丝剪芰荷开冻沼❼，锦妆凫雁泛温泉❽。

dì nǚ xián shí　hǎi zhōng yí pò wéi jīng wèi
帝女衔石，海中遗魄为精卫❾；

shǔ wáng jiào yuè　zhī shàng yóu hún huà dù juān
蜀王叫月，枝上游魂化杜鹃❿。

注释

❶玉柱：石柱的美称。金屋：汉武帝小时候，姑母要把女儿阿娇许配给他，武帝说："若得阿娇，当以金屋贮之。"❷叠嶂：重叠的山峰。❸孙子策：春秋吴国军事家孙武，著有《孙子兵法》十三篇。❹祖生鞭：东晋祖逖与刘琨是好友，祖逖被朝廷重用，刘琨给亲友写信说自己天天想着平叛，唯恐祖逖比自己行动快。❺盛席、华筵：丰盛的筵席。❻酒权：酒的功效。❼丝剪芰荷开冻沼：隋炀帝筑西苑，冬天树木凋零，便命人把丝绸剪成荷花，遍插

明刻本《三才图会》中的孙武画像

清马骀绘《历代名将画谱》之《闻鸡起舞》图，讲述祖逖奋发图强的故事

池苑，从中游乐。❽锦妆凫雁泛温泉：唐玄宗扩建华清宫，以玉莲为喷泉，又用锦缎缝成凫雁浮于水上，极尽奢华。❾“帝女衔石”句：精卫填海的典故。❿“蜀王叫月”句：战国蜀王杜宇让位相国后隐居，死后魂魄化为杜鹃鸟。

故事

精卫填海

远古时代，发鸠（jiū）山上有一种鸟，形状像乌鸦，头部有花纹，白嘴红脚，名字叫精卫，它的叫声好像是在呼唤自己的名字。传说这种鸟是炎帝小女儿女娃的化身。有一天，女娃到东海边游玩，不幸被淹死，魂魄变为精卫鸟。为了复仇，不让后人再受东海之害，它每天从西山衔来树枝和小石块，扔进东海，想把大海填平，日复一日，年复一年，从不停歇。后人用“精卫填海”比喻复仇决心坚定，或尽管势单力薄，但不畏艰难，奋斗不息。

明刻本《三才图会》中的精卫图

原文

二萧

èr xiāo

qín duì guǎn　fǔ duì piáo　shuǐ guài duì huā yāo
琴对管，釜对瓢[1]。水怪对花妖。

qiū shēng duì chūn sè　bái jiān duì hóng xiāo
秋声对春色，白缣对红绡[2]。

chén wǔ dài　shì sān cháo　dǒu bǐng duì gōng yāo
臣五代[3]，事三朝[4]。斗柄对弓腰[5]。

zuì kè gē jīn lǚ　jiā rén pǐn yù xiāo
醉客歌金缕[6]，佳人品玉箫。

fēng dìng luò huā xián bù sǎo　shuāng yú cán yè shī nán shāo
风定落花闲不扫，霜余残叶湿难烧。

qiān zǎi xīng zhōu　shàng fǔ yì gān tóu wèi shuǐ
千载兴周，尚父一竿投渭水[7]；

bǎi nián bà yuè　qián wáng wàn nǔ shè jiāng cháo
百年霸越，钱王万弩射江潮[8]。

清人绘《历代名臣像解》中的钱镠画像

注释

❶釜：古代的炊具，相当于现在的锅。❷缣：双丝织成的细绢。绡：生丝织成的丝绸。❸臣五代：五代时冯道，历仕后唐、后晋、辽、后汉、后周五朝，人称官场“不倒翁”。❹事三朝：南朝梁沈约先后在宋、齐、梁三朝为官。❺斗柄：北斗七星中排成柄状的三颗星。弓腰：舞女向后弯腰呈弓形。❻金缕：《金缕曲》，词牌《贺新郎》的别名。❼“千载兴周”句：周初姜尚曾垂钓于渭水，后辅佐文王、武王

灭商，建立周朝，历时八百年之久。❽“百年霸越”句：五代时，吴越王钱镠在钱塘江筑堤以防海潮，未成而潮水至，钱镠命军士以强弩射之，潮水乃退。吴越自建国至归顺宋朝，约为百年。

明人绘周文王画像

故事

渭水垂钓

商朝末年，纣王倒行逆施，引得众叛亲离。周文王为灭掉商朝，四处寻访贤人。当时，姜尚弃官逃到陕西的渭水河畔，每天在渭水河边钓鱼，但他钓鱼用的是直钩，并且不放鱼饵。这事很快传到文王的耳朵里，文王知道姜尚是难得的人才，便带上厚礼亲自来请姜尚。姜尚见文王诚心诚意，便高兴地答应。但姜尚提出，让文王亲自拉车把自己接回去，文王也痛快地答应。姜尚随文王入朝当了军师，后来辅佐文王、武王讨伐纣王，为西周王朝的建立立下汗马功劳。

明戴进绘《渭滨垂钓图》（局部），描绘周文王在渭水河边拜会姜尚的场景

原文

róng duì cuì xī duì zhāo lù dì duì yún xiāo
荣对悴❶，夕对朝。露地对云霄❷。

shāng yí duì zhōu dǐng yīn hù duì yú sháo
商彝对周鼎❸，殷濩对虞韶❹。

fán sù kǒu xiǎo mán yāo liù zhào duì sān miáo
樊素口，小蛮腰❺。六诏对三苗❻。

cháo tiān chē yì yì chū sài mǎ xiāo xiāo
朝天车奕奕❼，出塞马萧萧❽。

gōng zǐ yōu lán chóng fàn gě wáng sūn fāng cǎo zhèng lián biāo
公子幽兰重泛舸❾，王孙芳草正联镳❿。

pān yuè gāo huái céng xiàng qiū tiān yín xī shuài
潘岳高怀，曾向秋天吟蟋蟀⓫；

wáng wéi qīng xìng cháng yú xuě yè huà bā jiāo
王维清兴，尝于雪夜画芭蕉⓬。

注释

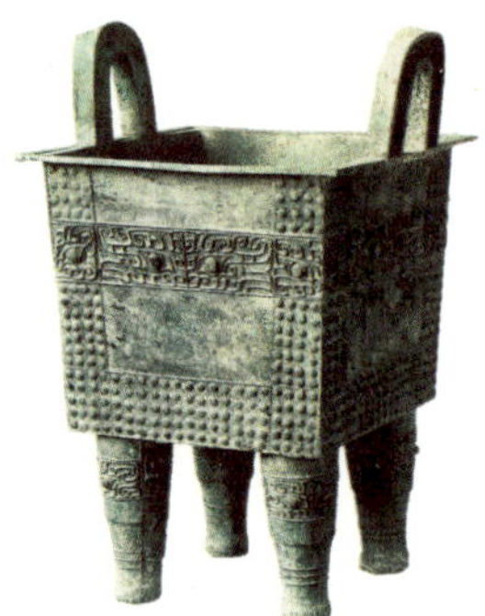
商代乳钉纹铜方鼎

❶悴：枯萎。❷露地：平地，空地。❸商彝、周鼎：商周二代的青铜礼器。❹殷濩：商汤时的乐曲《大濩》，相传为伊尹所作。虞韶：传说舜帝时所作乐曲《韶》。❺樊素、小蛮：唐朝诗人白居易的两个歌女，白居易有“樱桃樊素口，杨柳小蛮腰”的诗句。❻六诏：唐代西南地区乌蛮六个部落的总称。三苗：我国上古时代古族名，主要分布在洞庭湖和鄱阳湖之间。❼奕奕：众多的样子。❽萧萧：马嘶鸣声。❾泛舸：乘船游览。❿联镳：骑马并进。⓫吟蟋蟀：晋代潘岳在《秋兴赋》中曾写到蟋蟀：“熠耀粲于阶闼兮，蟋蟀鸣乎轩屏。”⓬画芭蕉：唐代诗人王维擅长作画，据说他的山水画不分四时，曾在雪景中画了一株芭蕉。

诗画家王维

王维是唐代诗人、画家，通音律，工书画，善属文，多才多艺。前期向往开明政治，写过一些有关游侠、边塞的诗篇，虽有仕途坎坷的感叹，但风格雄浑豪壮。后期生活发生变故，更加笃（dǔ）信禅理，诗作多表现隐居生活的闲情逸致和描写山水田园的景色。诗人所具有多方面的艺术造诣（yì），使其能体物精细，状物传神，既表现大自然幽静恬适之美，又具有诗情画意相结合的特点，后人赞其“诗中有画，画中有诗”。

清人绘王维画像

清王翚绘王维《山居秋暝》“竹喧归浣女，莲动下渔舟”诗意图

原文

gēng duì dú mù duì qiáo hǔ pò duì qióng yáo
耕对读，牧对樵。琥珀对琼瑶❶。

tù háo duì hóngzhǎo guì jí duì lán ráo
兔毫对鸿爪❷，桂楫对兰桡❸。

yú qián zǎo lù cáng jiāo shuǐ yuǎn duì shān yáo
鱼潜藻，鹿藏蕉❹。水远对山遥。

xiāng líng néng gǔ sè yíng nǚ jiě chuī xiāo
湘灵能鼓瑟❺，嬴女解吹箫❻。

xuě diǎn hán méi héng xiǎo yuàn fēng chuī ruò liǔ fù píng qiáo
雪点寒梅横小院，风吹弱柳覆平桥。

yuè yǒu tōng xiāo jiàng là bà shí guāng bù jiǎn
月牖通宵，绛蜡罢时光不减❼；

fēng lián dāng zhòu diāo pán tíng hòu zhuàn nán xiāo
风帘当昼，雕盘停后篆难消❽。

注释

❶琥珀：松柏的树脂落入地下形成的化石，可作装饰品。琼瑶：美玉。❷兔毫：用兔毛制成的毛笔。鸿爪：鸿雁的脚印。语出苏轼《和子由渑池怀旧》："泥上偶然留指爪，鸿飞那复计东西。"❸桂楫、兰桡：用桂木和木兰制成的楫和桡。楫和桡都是划船、撑船用的工具，类似于桨。❹鹿藏蕉：出自《列子·周穆王》里的一个寓言：郑国的樵夫打死一头鹿，怕人看见，在上面盖了蕉叶。但他想不起藏

明文徵明绘《湘君湘夫人图》

明刻本《三才图会》中的萧史画像

鹿的地方，以为自己做了一场梦。❺湘灵能鼓瑟：语出《楚辞·远游》：“使湘灵鼓瑟兮，令海若舞冯夷。”湘灵，湘水之神。❻嬴女解吹箫：秦穆公女儿弄玉吹箫引凤的典故。❼月牖：月光照进窗户。绛蜡：红烛。❽雕盘：雕饰精美的盘子。篆：焚香产生的烟。

故事

吹箫引凤

相传春秋时，秦穆公的女儿弄玉聪明美丽，非常喜欢音乐。当时有位书生名叫萧史，善于吹箫，吹出的箫声能把凤凰和白鹤吸引到庭院中。秦穆公见他眉清目秀，一表人才，非常高兴，就把弄玉嫁给了他。萧史每天教弄玉吹奏凤凰和鸣的声音，几年后，弄玉吹出的箫声能引来凤凰，栖息在她的屋顶上。秦穆公为他们修筑凤凰台，二人住在台上，数年不下，后来得道成仙，双双骑着凤凰飞去。

明仇英绘《吹箫引凤图》

原文

sān yáo

三 肴

shī duì lǐ　guà duì yáo　yàn yǐn duì yīng tiáo

诗对礼[1]，卦对爻[2]。燕引对莺调[3]。

chén zhōng duì mù gǔ　yě zhuàn duì shān yáo

晨钟对暮鼓，野馔对山肴[4]。

zhì fāng rǔ　què shǐ cháo　měng hǔ duì shén áo

雉方乳[5]，鹊始巢。猛虎对神獒[6]。

shū xīng fú xìng yè　hào yuè shàng sōng shāo

疏星浮荇叶，皓月上松梢。

wéi bāng zì gǔ tuī hú liǎn　cóng zhèng yú jīn kuì dǒu shāo

为邦自古推瑚琏[7]，从政于今愧斗筲[8]。

guǎn bào xiāng zhī　néng jiāo wàng xíng jiāo qī yǒu

管鲍相知，能交忘形胶漆友[9]；

lìn lián yǒu xì　zhōng wéi wěn jǐng sǐ shēng jiāo

蔺廉有隙，终为刎颈死生交[10]。

清人绘《历代名臣像解》中的管仲画像

注释

❶诗、礼：儒家经典中的《诗经》和《礼记》。❷卦、爻：指《周易》中的八卦和六爻。爻是组成卦的阴阳符号。❸燕引、莺调：燕子和黄莺唱歌。❹野馔：采自山野的食物。山肴：用山间猎得鸟兽做成的菜。❺雉方乳：东汉鲁恭任中牟县令，蝗虫不入境。河南尹闻之，派人查看，行至桑下，见野鸡趴在树下，儿童却不去捉。惊问儿童，儿童说：“野鸡在孵卵。”来

人心悦诚服。❻神獒：猛犬。❼瑚琏：古代宗庙祭祀时盛黍稷的贵重礼器，孔子曾称赞子贡才华堪比瑚琏。❽斗筲：斗、筲都是很小的容器，用来比喻人气量狭小。❾“管鲍相知”句：春秋时齐国管仲、鲍叔牙交情深厚，是后人交友的楷模。❿“蔺廉有隙”句：廉颇、蔺相如将相和的故事。

清绣像本《东周列国志》中的廉颇画像

将相和

战国时，廉颇和蔺相如同在赵国做官。廉颇战功卓著，被封为上卿；而蔺相如出使秦国，完璧归赵，立有大功，地位在廉颇之上。廉颇不服，想羞辱蔺相如。蔺相如为此经常回避廉颇，以免发生冲突。蔺相如的手下为他抱打不平，蔺相如说：“秦国之所以害怕赵国，是因为有我和廉将军在，我并不是害怕廉将军，但如果我们两人相斗，国家就危险了。”廉颇知道后，感到很羞愧，脱了上衣，背着荆条到蔺相如门前谢罪。从此，两人结为生死之交。

清马骀绘《历代名将画谱》之《肉袒负荆》，讲述廉颇负荆请罪的故事

gē duì wǔ　xiào duì cháo　ěr yǔ duì shén jiāo
歌对舞，笑对嘲。耳语对神交[1]。

yān wū duì hài shǐ　tǎ suǐ duì luán jiāo
焉乌对亥豕[2]，獭髓对鸾胶[3]。

yí jiǔ jìng　mò qīng pāo　yí qì duì tóng bāo
宜久敬，莫轻抛。一气对同胞。

jì zūn gān bù bèi　zhāng lù niàn tí páo
祭遵甘布被[4]，张禄念绨袍[5]。

huā jìng fēng lái féng kè fǎng　chái fēi yuè dào yǒu sēng qiāo
花径风来逢客访[6]，柴扉月到有僧敲[7]。

yè yǔ yuán zhōng　yì kē bù diāo wáng zǐ nài
夜雨园中，一颗不雕王子柰[8]；

qiū fēng jiāng shàng　sān chóng céng juǎn dù gōng máo
秋风江上，三重曾卷杜公茅[9]。

清张士保绘《云台二十八将图》中的祭遵画像

注释

❶神交：没有见过面，但精神上彼此倾慕。❷焉乌、亥豕：在古代篆书中，焉与乌、亥与豕字形相近，往往造成错讹。❸獭髓：水獭的骨髓。鸾胶：又名续弦胶，能续弓弩断弦。❹祭遵甘布被：东汉祭遵克己奉公，家无私财甘愿盖布被，受到光武帝敬重。❺张禄念绨袍：战国魏人范雎与须贾之间的故事。❻花径风来逢客访：语出杜甫《客至》：“花径不曾缘客扫，蓬门今始为君开。”❼柴扉月到有僧敲：语出贾岛

《题李凝幽居》："鸟宿池边树，僧敲月下门。"❽"夜雨园中"句：晋代王祥至孝，后母虐待他，让他看护后园柰树，如有柰子落地就遭鞭打。王祥抱树大哭，感动上天，柰子一颗不落。雕，通"凋"，凋落。❾"秋风江上"句：事见杜甫《茅屋为秋风所破歌》，其中有"八月秋高风怒号，卷我屋上三重茅"之句。

清吴友如绘贾岛《题李凝幽居》"鸟宿池边树，僧敲月下门"诗意图

故事

张禄念绨袍

战国时，魏国人范雎（jū）随中大夫须贾出使齐国，其雄辩之才深得齐襄王敬重。须贾出于嫉妒，回国后诬告范雎私受贿赂，出卖情报。范雎遭受鞭刑，险些丧命。后来范雎来到秦国，改名张禄，官至丞相，权势显赫。一次，须贾出使秦国，范雎故意穿一身破衣服去见他，须贾不知范雎身份，怜悯他贫寒，送给他一件绨袍。须贾谒（yè）见秦相，才知范雎就是秦相张禄，吓得赶忙请罪。范雎念及须贾馈赠绨袍之情，宽恕了他。后用"绨袍"表示不忘旧情。

明臧懋循编《元曲选图》之《张禄丞相报魏齐》，描绘范雎责罚须贾时的场景

原文

yá duì shè lǐn duì páo yù qìng duì jīn náo
衙对舍，廪对庖❶。玉磬对金铙❷。

zhú lín duì méi lǐng qǐ fèng duì téng jiāo
竹林对梅岭❸，起凤对腾蛟❹。

jiāo xiāo zhàng shòu jǐn páo lù guǒ duì fēngshāo
鲛绡帐❺，兽锦袍❻。露果对风梢。

yángzhōu shū jú yòu jīng tǔ gòng jīng máo
扬州输橘柚，荆土贡菁茅❼。

duàn shé mái dì chēng sūn shū dù yǐ zuò qiáo shí sòng jiāo
断蛇埋地称孙叔❽，渡蚁作桥识宋郊❾。

hǎo mèng nán chéng qióngxiǎng jiē qiánpiān jī jī
好梦难成，蛩响阶前偏唧唧❿；

liángpéngyuǎn dào jī shēngchuāng wài zhèng jiāo jiāo
良朋远到，鸡声窗外正嘐嘐⓫。

清人绘《历代名臣像解》中的王勃画像

注释

❶廪：仓库。庖：厨房。❷磬：古代的一种打击乐器，可悬挂在架上。铙：古代一种铜制的打击乐器，形状像锣。❸梅岭：即大庾岭，古时岭上多植梅，故名。❹起凤、腾蛟：像凤凰起舞，蛟龙腾跃，语出唐代王勃《滕王阁序》："腾蛟起凤，孟学士之词宗。"❺鲛绡：传说中鲛人所织的丝绢、薄纱。❻兽锦：绣有麟、豹花纹的锦缎。❼菁茅：茅的一种，古代祭祀时用以滤酒去渣。❽断蛇埋地称孙叔：春秋楚国孙叔敖埋两头

蛇的故事。❾渡蚁作桥识宋郊：传说宋时宋郊见蚂蚁为雨所淹，渡而活之，后来考中状元。❿蛩：蟋蟀。唧唧：虫鸣声。⓫喔喔：鸡叫声。

故事

埋两头蛇

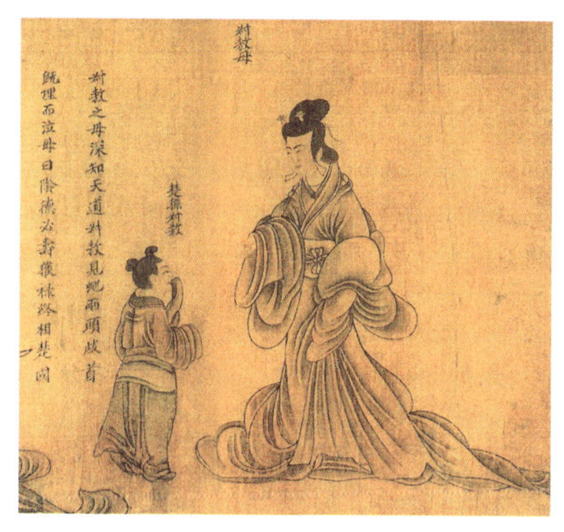

东晋顾恺之绘《列女仁智卷》中的孙叔敖及母亲画像

传说古时候有一种两头蛇，人们都认为它是不吉利的动物，遇到它不仅会招来灾祸，而且还会活不长。春秋时，楚国的孙叔敖一次在外面玩耍，看见一条两头蛇，心想："不能让两头蛇再给别人带来灾祸。"于是便把蛇砸死，埋了起来，然后跑回家，哭着把这件事告诉母亲，并说自己活不长了。母亲听后，安慰他说："好孩子，不用怕，你有一颗善良的心，上天会保佑你，不会让你死的。"后来，孙叔敖果然像母亲说的那样，不仅健康地成长，还做了楚国的相国。

明吕坤撰《闺范》卷四《孙叔敖母》插画，描绘孙叔敖打两头蛇的场景

原文

四豪

sì háo

jiāo duì cí　dí duì hāo　shān lū duì jiāng gāo
茭对茨❶，荻对蒿❷。山麓对江皋❸。

yīng huáng duì dié bǎn　mài làng duì sōng tāo
莺簧对蝶板❹，麦浪对松涛❺。

qí jì zú　fèng huáng máo　měi yù duì jiā bāo
骐骥足❻，凤凰毛。美誉对嘉褒❼。

wén rén kuī dù jiǎn　xué shì shū tù háo
文人窥蠹简❽，学士书兔毫❾。

mǎ yuán nán zhēng zài yì yǐ　zhāng qiān xī shǐ jìn pú táo
马援南征载薏苡❿，张骞西使进葡萄⓫。

biàn kǒu xuán hé　wàn yǔ qiān yán cháng wěi wěi
辩口悬河，万语千言常亹亹⓬；

cí yuán dào xiá　lián piān lěi dú zì tāo tāo
词源倒峡，连篇累牍自滔滔⓭。

注释

❶茭：喂牲口的干草。茨：蒺藜，可以入药。❷荻：一种类似芦苇的多年生草本植物。蒿：蒿子。❸江皋：江边之地。❹莺簧：黄莺的叫声像笙簧奏出的声音。蝶板：蝶翅开合像乐器中的拍板。❺松涛：风吹松林发出的声音。❻骐骥：千里马。❼嘉褒：嘉许赞扬。❽蠹简：被虫蛀坏的书。❾兔毫：用兔毛制成的笔。❿马援南征载薏苡：东汉马援征交趾，带回数车薏

清人绘马援画像

苡以治瘴病。他去世后，有人进谗言说他带回的是珍珠，使其家人蒙冤。⑪张骞西使进葡萄：西汉张骞出使西域，将西域的葡萄带回中原。⑫辩口悬河：形容善于辩论，语出韩愈《石鼓歌》“愿借辩口如悬河”。亹亹：形容连续不断。⑬词源倒峡：文词如江水倾峡而出，语出杜甫《醉歌行》：“词源倒流三峡水，笔阵横扫千人军。”

清金谷良绘《无双谱》中的张骞画像

张骞通西域

近代冯耘绘《张骞奇遇图》，描绘张骞泛槎寻找黄河源头时的奇遇

汉武帝即位后，命张骞出使大月氏（zhī），以共同夹击匈奴。公元前139年，张骞率百余人西行，越过葱岭，亲历大宛、康居和大月氏、大夏等地，于公元前126年返回长安。在外共十三年，途中两次被匈奴扣留，前后达十一年。公元前119年，张骞率三百余人再次出使西域。去乌孙国劝其返回河西，共击匈奴；并派副使出使大宛、康居、大夏、安息等地。张骞两次出使，加强了中原和西域的联系，开辟了中国通往西方的“丝绸之路”。

méi duì xìng　lǐ duì táo　yù pǔ duì jīng máo
梅对杏，李对桃。棫朴对旌旄❶。

jiǔ xiān duì shī shǐ　dé zé duì ēn gāo
酒仙对诗史❷，德泽对恩膏❸。

xuán yí tà　mèng sān dāo　zhuō yì duì guì láo
悬一榻❹，梦三刀❺。拙逸对贵劳❻。

yù táng huā zhú rào　jīn diàn yuè lún gāo
玉堂花烛绕，金殿月轮高。

gū shān kàn hè pán yún xià　shǔ dào wén yuán xiàng yuè háo
孤山看鹤盘云下❼，蜀道闻猿向月号❽。

wàn shì cóng rén　yǒu huā yǒu jiǔ yīng zì lè
万事从人，有花有酒应自乐❾；

bǎi nián jiē kè　yì qiū yí hè jìn wú háo
百年皆客，一丘一壑尽吾豪❿。

清上官周绘贺知章画像

注释

❶棫朴：两种灌木白桵和枹木。旌旄：古代用牦牛尾和羽毛装饰的军旗。❷酒仙：对酷爱饮酒者的美称。杜甫《饮中八仙歌》称李白、贺知章、张旭等人为“酒仙”。诗史：杜甫诗多记时事，记录唐由盛转衰的过程，人称其诗为“诗史”。❸恩膏：恩泽。❹悬一榻：陈蕃悬榻的故事。❺梦三刀：晋代王濬梦见三把刀悬于卧室房梁，主簿李毅解释说，他要做益州刺史，后果如其言。❻拙逸：

笨拙的人安逸。贵劳：位高的人劳累。❼孤山看鹤盘云下：北宋林逋隐居西湖孤山，每天放鹤飞入云霄，盘旋很久才落下。❽蜀道闻猿向月号：古代四川多猿猴，月下号叫，声音凄凉，故有“猿啼三声泪沾裳”之说。❾从人：由人。❿百年皆客：指人生不过百年，都是天地间的过客。

清人绘《历代名人像解》中的张旭画像

故事

陈蕃悬榻

徐稚是东汉豫章南昌（今属江西）人，自幼家贫，自食其力，隐居不仕，被名士郭泰等称为“南州高士”。陈蕃曾任豫章太守，知道徐稚品学兼优，很看重他，礼请徐稚担任功曹一职。徐稚前往陈蕃家表示感谢，但相见后即回家。陈蕃在郡中不接待宾客，只有徐稚来访时专门为他准备一张床榻，徐稚离开后就把床榻悬挂起来，不给别人使用。后以“陈蕃榻”指敬重贤士或礼待宾客，也形容宾主情投意合。

清任熊绘《徐稚磨镜图》

原文

tái duì shěng　　shǔ duì cáo　　fēn mèi duì tóng páo
台对省❶，署对曹❷。分袂对同袍❸。

míng qín duì jī jiàn　　fǎn zhé duì huí cáo
鸣琴对击剑，返辙对回艚❹。

liáng jiè zhù　　cāo zhuō dāo　　xiāng míng duì chún láo
良借箸❺，操捉刀❻。香茗对醇醪❼。

dī quán guī hǎi dà　　kuì tǔ jī shān gāo
滴泉归海大，篑土积山高❽。

shí shì kè lái jiān què shé　　huà táng bīn zhì yǐn yáng gāo
石室客来煎雀舌❾，画堂宾至饮羊羔❿。

bèi zhé jiǎ shēng　　xiāng shuǐ qī liáng yín fú niǎo
被谪贾生，湘水凄凉吟鹏鸟⓫；

zāo chán qū zǐ　　jiāng tán qiáo cuì zhù lí sāo
遭谗屈子，江潭憔悴著离骚⓬。

清马骀绘《历代名将画谱》中的曹操画像

注释

❶台、省：尚书台和中书省，发布政令的机关。❷署：办理公务的机关。曹：古代分科办事的官署。❸分袂：离别，分手。同袍：军人之间的互称，后泛指朋友、同僚等。❹回艚：回船。❺良借箸：汉张良在给刘邦出谋划策时，曾借用席间筷子指画当前形势。❻操捉刀：三国时，北使要见魏王，曹操让英俊的崔琰扮魏王，自己捉刀立于旁。北使认为魏王太平常，而捉刀人才是英雄。

❼香茗：香茶。醇醪：味厚的美酒。❽篑：盛土的竹筐。❾雀舌：茶名，以嫩芽烹制的上等茶。❿羊羔：美酒名。⓫“被谪贾生”句：西汉贾谊被黜为长沙王太傅，心中悲伤，作《鹏鸟赋》以抒怀。⓬“遭谗屈子”句：战国楚大夫屈原遭毁谤，被流放汨罗江，行吟江边，作《离骚》以抒愤。

清殿藏本绘屈原画像

故事

屈子行吟

战国时，屈原曾在楚怀王时任左徒、三闾（lǘ）大夫，参与国事决策，主张举贤授能，修明法度，联齐抗秦。后来受到诬陷，被怀王疏远，继而放逐汉北。顷襄王即位后，对秦国采取妥协政策。屈原多次劝谏顷襄王远离小人，结果却更遭贬斥，长期流放沅、湘一带。屈原为祖国的前途忧虑，经常在汨（mì）罗江畔吟唱悲伤的歌。公元前278年，秦军攻破郢（yǐng）都，屈原十分绝望，于五月初五投江而死。楚国民众为了纪念屈原，每年五月初五都将米粽投入江中进行祭奠。

清吴历绘《人物故事图册》之一，根据《史记·屈原贾生列传》所载，描绘屈原被放于江滨，与渔父问答的场景

原文

五歌

wǔ gē

wēi duì jù shǎo duì duō zhí gàn duì píng kē
微对巨，少对多。直干对平柯❶。

fēng méi duì dié shǐ yǔ lì duì yān suō
蜂媒对蝶使❷，雨笠对烟蓑❸。

méi dàn sǎo miàn wēi tuó miào wǔ duì qīng gē
眉淡扫❹，面微酡❺。妙舞对清歌。

qīngshān cái xià gé báo mèi jiǎn chūn luó
轻衫裁夏葛❻，薄袂剪春罗❼。

jiàngxiàng jiān xíngtáng lǐ jìng bà wáng zá yòng hàn xiāo hé
将相兼行唐李靖❽，霸王杂用汉萧何❾。

yuè běn yīn jīng qǐ yǒu yì qī céng qiè yào
月本阴精，岂有羿妻曾窃药❿；

xīng wéi yè xiù làngchuán zhī nǚ màn tóu suō
星为夜宿，浪传织女漫投梭⓫。

清殿藏本李靖画像

注释

❶平柯：横着长出的树枝。❷蜂媒、蝶使：花间蜂蝶似男女之间传递消息的媒人和使者。❸雨笠：遮雨的笠帽。烟蓑：蓑衣，用草或棕毛编成的雨具。❹眉淡扫：语出唐张佑《集灵台》：“却嫌脂粉污颜色，淡扫蛾眉朝至尊。”❺酡：饮酒后脸色变红。❻夏葛：夏天穿的葛衣。❼春罗：春季穿的绫罗。❽李靖：唐初功臣，文武兼备，三定朔

方，封卫国公。❾萧何：汉初丞相，霸道与王道交相使用，对汉的建立与巩固贡献巨大。❿“月本阴精”句：传说后羿从西王母那里得到长生药，其妻嫦娥服药后飞升到月宫。⓫“星为夜宿”句：传说织女是天帝的孙女，整夜在那里织布。浪传：空传，没有根据的传说。

明唐寅绘《嫦娥执桂图》(局部)

故事

汉相萧何

萧何是秦汉之际政治家，“汉初三杰”之一。秦末为沛县吏，与刘邦交好，后辅佐刘邦在沛县起兵反秦。刘邦攻入咸阳，他不争金帛财宝，只收集秦朝律令图书公文，了解全国关隘（ài）险要，各地户口民情，对刘邦战胜项羽和后来治国有很大帮助。楚汉相争时，他留守汉中，建立后方基地，又力荐韩信为将。西汉建国后，为相十四年，编订汉律九章，确立汉朝典章制度，帮助刘邦制定休养生息方针，恢复生产，对汉统一大业颇多开创之功。

清人绘《历代名臣像解》中的萧何画像

原文

cí duì shàn nüè duì kē piāomiǎo duì pó suō
慈对善，虐对苛。缥缈对婆娑❶。
chángyáng duì xì liǔ nèn ruǐ duì hán suō
长杨对细柳❷，嫩蕊对寒莎❸。
zhuīfēng mǎ wǎn rì gē yù yè duì jīn bō
追风马❹，挽日戈❺。玉液对金波❻。
zǐ zhàoxián dān fèng huáng tíng huàn bái é
紫诏衔丹凤❼，黄庭换白鹅❽。
huà gé jiāngchéng méi zuò diào lán zhōu yě dù zhú wéi gē
画阁江城梅作调❾，兰舟野渡竹为歌❿。
mén wài xuě fēi cuò rèn kōngzhōngpiāo liǔ xù
门外雪飞，错认空中飘柳絮⓫；
yán biān pù xiǎng wù yí tiān bàn luò yín hé
岩边瀑响，误疑天半落银河⓬。

清王鉴绘《匡庐瀑布》图

注释

❶缥缈：高远隐约的样子。婆娑：舞动的样子。❷长杨：汉代长杨宫。细柳：汉代驻军的细柳营。❸寒莎：秋天的莎草。❹追风马：西周穆王有八匹骏马，其速可追风。❺挽日戈：战国时楚国鲁阳与韩国作战，日落未分胜负，鲁阳挥戈退日，继续作战。❻玉液：美酒。金波：酒名，也泛指酒。❼紫诏衔丹凤：古代皇帝诏书用紫泥封口，并常以龙凤为图饰。❽黄庭换白鹅：东晋王羲之书写《黄庭经》，与山阴道士交换白鹅。❾梅

作调：以梅花作为曲调，古代有笛曲《梅花落》。⑩竹为歌：以竹枝为歌，即歌咏民间风土的《竹枝词》。⑪“门外雪飞”句：东晋才女谢道韫因咏雪诗“未若柳絮因风起”，被称为“咏絮才”。⑫“岩边瀑响”句：语出李白《望庐山瀑布》：“飞流直下三千尺，疑是银河落九天。”

清人绘王羲之画像

写经换鹅

佚名绘《写经换鹅图》

王羲之是东晋书法家，出身贵族，曾官至右军将军，人称“王右军”。早年随卫夫人学书法，后改变初学，草书学张芝，楷书学钟繇（yóu），并博采众长，精研体势，推陈出新，一变魏晋以来质朴书风，成为妍（yán）美流便的新体，为历代学书者所推崇。王羲之喜欢鹅，山阴县一个道士养了一群鹅，王羲之看后非常喜欢，一定要买一只。道士说：“你替我写一部《黄庭经》，我把整群鹅都送给你。”王羲之痛快地为他写了一部《黄庭经》，然后把鹅装入笼里带回家。

原文

sōng duì zhú xìng duì hé bì lì duì téng luó
松对竹，荇对荷❶。薜荔对藤萝❷。

tī yún duì bù yuè qiáochàng duì yú gē
梯云对步月❸，樵唱对渔歌。

shēngdǐng zhì tīng jīng é běi hǎi duì dōng pō
升鼎雉❹，听经鹅❺。北海对东坡❻。

wú láng āi fèi zhái shào zǐ lè xíng wō
吴郎哀废宅❼，邵子乐行窝❽。

lì shuǐ liáng jīn jiē dài yě kūn shān měi yù zǒng xū mó
丽水良金皆待冶，昆山美玉总须磨❾。

yǔ guò huángzhōu liú lí sè càn huá qīng wǎ
雨过皇州，琉璃色灿华清瓦❿；

fēng lái dì yuàn hé jì xiāngpiāo tài yè bō
风来帝苑，荷芰香飘太液波⓫。

清末《钦定书经图说·高宗肜日》一章中的《雉雊于鼎图》，描绘高宗祭祀时，野鸡飞到鼎上的场景

注释

❶荇：荇菜，叶呈圆形浮在水面，根生水底，夏天开黄花。❷薜荔：南方的一种蔓生植物，又称木莲。藤萝：紫藤的通称。❸梯云：登上云端。李白《梦游天姥吟留别》有“身登青云梯”句。❹升鼎雉：商武丁祭祀太庙，有野鸡飞落鼎上鸣叫，大臣认为是异兆，趁机劝谏武丁。❺听经鹅：净影寺僧人慧远养一鹅，每听到讲经，便入堂伏听。❻北海：东汉孔融

北宋佚名绘《太液荷风图》

曾为北海令，人称“孔北海”。东坡：北宋苏轼在黄冈东坡筑室，因号“东坡”。❼吴郎哀废宅：唐末诗人吴融曾作《废宅》诗，感叹官员宅第的荒废。❽邵子乐行窝：北宋经学家邵雍隐居不仕，所居小室取名“安乐窝”。❾“丽水”两句：古人认为：金生丽水，玉出昆冈。❿华清：华清宫，唐代宫殿，在陕西西安临潼骊山北。⓫荷芰：荷花。太液：太液池，西汉武帝时在长安挖的人造湖。

安乐窝

邵雍是北宋著名学者，熟读经史，对《易经》有深入研究。他隐居洛中，生活困苦，房屋简陋，难避风雨。当时名臣富弼（bì）、司马光、吕公著等人先后离开官场，居于洛中，常与邵雍往来。他们敬重邵雍的学识，同情他的境遇，为他买下一座庄园。邵雍每天饮酒赋诗，高兴地把这座庄园称为“安乐窝”。他作了一首题为《风吹木叶吟》的诗：“长年国立神仙侣，安乐窝中富贵人。万水千山已行遍，归来认得自家身。”后以“安乐窝”比喻舒适的住所或安逸的环境。

清殿藏本邵雍画像

原文

lóng duì jiàn　cháo duì wō　jí dì duì dēng kē
笼对槛❶，巢对窝。及第对登科❷。

bīngqīng duì yù rùn　dì lì duì rén hé
冰清对玉润❸，地利对人和。

hán qín hǔ　róng jià é　qīng nǚ duì sù é
韩擒虎❹，荣驾鹅❺。青女对素娥❻。

pò tóu zhū cǐ hù　zhé chǐ xiè kūn suō
破头朱泚笏❼，折齿谢鲲梭❽。

liú kè jiǔ bēi yīng hèn shǎo　dòng rén shī jù bù xū duō
留客酒杯应恨少，动人诗句不须多。

lǜ yě níng yān　dàn tīng cūn qián shuāng mù dí
绿野凝烟，但听村前双牧笛❾；

cāngjiāng jī xuě　wéi kàn tān shàng yì yú suō
沧江积雪，惟看滩上一渔蓑❿。

清人绘韩擒虎画像

注释

❶槛：关兽类的笼子。❷及第：科举考试中选。登科：科举时代应考人被录取。❸冰清、玉润：晋人乐广和卫玠翁婿二人有令名，时人称岳丈为“冰清”，女婿为“玉润”。❹韩擒虎：隋朝大将，在渡江灭陈时屡立战功。❺荣驾鹅：春秋时鲁昭公的大臣。❻青女：传说中的霜神。素娥：月中女神嫦娥。李商隐《霜月》诗：“青女素娥俱耐冷，月中霜里斗婵娟。”❼破头朱泚笏：唐德宗时，京师兵变，太尉朱泚想窃取皇位，司农卿段秀实执象牙笏击破其头，

结果被朱泚所害。❽折齿谢鲲梭：晋代豫章太守谢鲲年轻时不检点，调戏邻家少女，被少女扔出的梭子砸掉两颗牙。❾凝烟：浓密的雾气。❿一渔蓑：语出柳宗元《江雪》："孤舟蓑笠翁，独钓寒江雪。"

清王素绘《月中嫦娥图》

故事

嫦娥奔月

传说，嫦娥是天神羿（yì）的妻子。羿射死天帝的九个太阳儿子，得罪了天帝，被打落人间，再也不能到天上去，而且要变老而死。后来，羿到昆仑山向西王母讨来不死药，本想选择一个好日子与妻子共享，不料却被嫦娥偷偷吃掉。嫦娥吃下仙药后，顿时脚下生风，身不由己高高飞起，慢慢地飘入月宫。月宫中只有一只兔子、一只蟾蜍和一棵桂树与她相伴，她越住越觉得冷清，后悔没有与丈夫同吃仙药。

明张路绘《嫦娥奔月图》

原文

六麻

liù má

qīng duì zhuó měi duì jiā bǐ lìn duì jīn kuā
清对浊，美对嘉。鄙吝对矜夸❶。

huā xū duì liǔ yǎn wū jiǎo duì yán yá
花须对柳眼❷，屋角对檐牙❸。

zhì hé zhái bó wàng chá qiū shí duì chūn huā
志和宅❹，博望槎❺。秋实对春华❻。

qián lú pēng bái xuě kūn dǐng liàn dān shā
乾炉烹白雪，坤鼎炼丹砂❼。

shēn xiāo wàng lěng shā chǎng yuè biān sài tīng cán yě shù jiā
深宵望冷沙场月，边塞听残野戍笳❽。

mǎn yuàn sōng fēng zhōng shēng yǐn yǐn wéi sēng shè
满院松风，钟声隐隐为僧舍；

bàn chuāng huā yuè xī yǐng yī yī shì dào jiā
半窗花月，锡影依依是道家❾。

清人绘《历代名人像解》中的李商隐画像

注释

❶鄙吝：粗鄙吝啬。矜夸：骄傲自夸。❷花须：花蕊。柳眼：柳叶。语出李商隐《二月二日》："花须柳眼各无赖，紫蝶黄蜂俱有情。"❸檐牙：檐际翘出如牙的部分。❹志和宅：唐代诗人张志和在肃宗时遭贬黜，从此不仕，浪迹江湖，自号烟波钓徒。其兄怕他不还乡，建一所朴素住宅，张志和

便一直住在那里。❺博望槎：相传汉代张骞出使西域，乘木筏探寻黄河源头，曾到达银河织女家。❻秋实、春华：春华秋实，春天开花，秋天结果。❼乾炉烹白雪，坤鼎炼丹砂：乾炉、坤鼎是道教炼丹的炉和鼎。白雪，指水银。丹砂，即朱砂，道教徒用以化汞炼丹。❽野戍：野外驻防之处。笳：胡笳，北方少数民族的一种吹奏乐器，类似笛子。❾锡：道士用锡箔制作的法器。依依：隐隐约约的样子。

清吴石仙绘《烟寺晚钟》图

解说

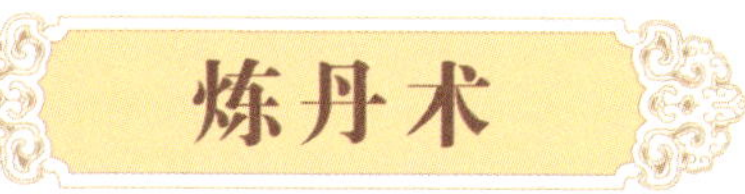

炼丹术

清任伯年绘《道家炼石图》（局部）

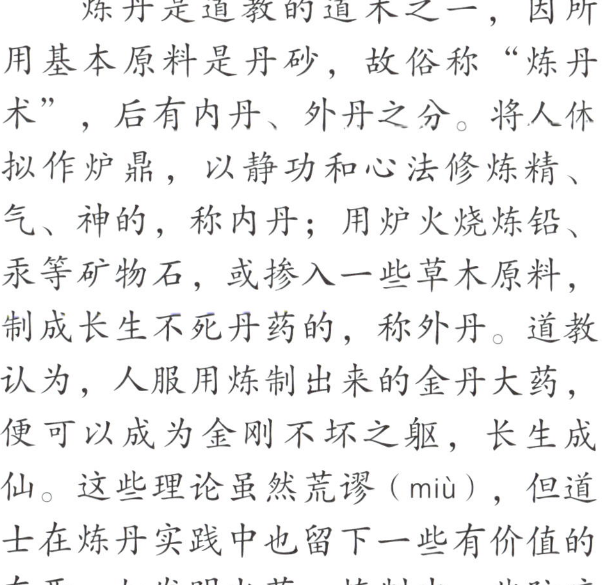

炼丹是道教的道术之一，因所用基本原料是丹砂，故俗称“炼丹术”，后有内丹、外丹之分。将人体拟作炉鼎，以静功和心法修炼精、气、神的，称内丹；用炉火烧炼铅、汞等矿物石，或掺入一些草木原料，制成长生不死丹药的，称外丹。道教认为，人服用炼制出来的金丹大药，便可以成为金刚不坏之躯，长生成仙。这些理论虽然荒谬（miù），但道士在炼丹实践中也留下一些有价值的东西，如发明火药，炼制出一些防病治病的药物等。

原文

léi duì diàn　wù duì xiá　yǐ zhèn duì fēng yá
雷对电，雾对霞。蚁阵对蜂衙❶。

jì méi duì huái jú　niàng jiǔ duì pēng chá
寄梅对怀橘❷，酿酒对烹茶。

yí nán cǎo　yì mǔ huā　yáng liǔ duì jiān jiā
宜男草❸，益母花❹。杨柳对蒹葭❺。

bān jī cí dì niǎn　cài yǎn qì hú jiā
班姬辞帝辇❻，蔡琰泣胡笳❼。

wǔ xiè gē lóu qiānwàn chǐ　zhú lí máo shè liǎng sān jiā
舞榭歌楼千万尺，竹篱茅舍两三家。

shānzhěn bànchuáng　yuè míng shí mèng fēi sài wài
珊枕半床，月明时梦飞塞外❽；

yín zhēng yí zòu　huā luò chù rén zài tiān yá
银筝一奏，花落处人在天涯❾。

清颜希源撰、王翙绘《百美新咏》中的蔡文姬画像

注释

❶蚁阵：蚂蚁争斗时的阵势。蜂衙：群蜂早晚聚集，簇拥蜂王，如旧时官吏到上司衙门参见。❷寄梅：南朝宋范晔在长安，陆凯自江南寄梅花一枝。诗曰："江南无所有，聊赠一枝春。"怀橘：三国时，陆绩到九江拜见袁术，怀藏橘子给母亲吃。怀橘因此成为孝敬父母的典故。❸宜男草：即萱草。古人认为孕妇佩戴此草会生男孩。❹益母花：益母草的花。益母草夏季

开花，可入药。❺蒹葭：芦苇。❻班姬辞帝辇：汉成帝游后苑，命班婕妤同辇。班婕妤说，圣贤之君有名臣在侧，亡国之君才有宠幸的妃子陪坐。❼蔡琰泣胡笳：汉末才女蔡琰（字文姬）被掳到匈奴，十二年后被曹操赎回。传说作《胡笳十八拍》，倾诉自己的不幸遭遇。❽珊枕：用珊瑚作装饰的枕头。❾银筝：用银装饰的筝。

清顾沅辑《古圣贤像传略》中的陆绩画像

陆绩怀橘

陆绩是三国时东吴人，六岁时曾随父亲到九江去拜见袁术。袁术端出一盘橘子给陆绩吃，陆绩趁人不注意，偷偷把三个橘子装进怀里。临走时，陆绩作揖拜别袁术，橘子不小心掉落在地上。袁术见了，笑着说：“陆郎做客还往怀里揣（chuāi）橘子吗？”陆绩跪拜回答道：“母亲喜欢吃橘子，可我们那个地方没有，我想拿几个回去给她吃。”袁术听后十分惊讶，觉得陆绩小小年纪就懂得孝顺母亲，因此对他刮目相看。

清王素绘《二十四孝图》之《陆绩怀橘遗母》

原文

yuán duì quē zhèng duì xié xiào yǔ duì zī jiē
圆对缺，正对斜。笑语对咨嗟[1]。

shěn yāo duì pān bìn mèng sǔn duì lú chá
沈腰对潘鬓[2]，孟笋对卢茶[3]。

bǎi shé niǎo liǎng tóu shé dì lǐ duì xiān jiā
百舌鸟[4]，两头蛇[5]。帝里对仙家[6]。

yáo rén fū shuài tǔ shùn dé bèi liú shā
尧仁敷率土[7]，舜德被流沙[8]。

qiáo shàng shòu shū céng nà lǚ bì jiān tí jù yǐ lǒng shā
桥上授书曾纳履[9]，壁间题句已笼纱[10]。

yuǎn sài tiáo tiáo lù qì fēng shā hé kě jí
远塞迢迢，露碛风沙何可极[11]；

cháng shā miǎo miǎo xuě tāo yān làng xìn wú yá
长沙渺渺，雪涛烟浪信无涯[12]。

注释

❶咨嗟：叹息。❷沈腰：南朝梁诗人沈约给朋友写信描述病情，说皮带扣几十天就要向里移动一个孔。潘鬓：晋代文学家潘岳在《秋声赋》中说，自己三十二岁已经开始长白发。❸孟笋：三国孟宗母病，冬日思食鲜笋，孟宗抱竹而泣，果生笋。卢茶：唐代诗人卢仝好茶，每饮必喝七碗。❹百舌鸟：又名反舌，叫声多变化。❺两头蛇：春秋楚国孙叔敖打死两头蛇，并将其掩埋。❻帝里：京都。❼尧仁敷率土：帝尧的仁义

清王素绘《二十四孝图》之《孟宗哭竹得笋》

遍及所有地方。❽舜德被流沙：帝舜的仁德覆盖到极西的地域。❾桥上授书曾纳履：汉代张良圯上授书之事。❿壁间题句已笼纱：唐代文士王播少年寄食扬州惠昭寺，僧人饭后鸣钟。王播题诗寺壁离开，后官至淮南节度使。二十年后重返惠昭寺，发现题诗被碧纱笼罩，因此对世态炎凉感慨至深。⓫碛：沙漠。⓬长沙：广袤的沙漠。渺渺：悠远的样子。

明王世贞辑《列仙全传》中的黄石公画像

圯上授书

张良是西汉名臣，一次在下邳（pī）圯（yí）桥边散步时，遇到一个身穿粗布衣裳的老人。老人见张良走过来，把脚上的草鞋甩到桥下，对张良说：“小伙子，给我把鞋拣上来。”张良见老人年纪很大，便下桥把鞋子拣上来。老人没用手接鞋子，而是把脚伸过来，让张良给自己穿上，张良跪着给老人穿上鞋子。老人是著名学者黄石公，他见张良是个可塑之才，就把兵书《太公兵法》送给他。张良运用兵法上的智谋为刘邦出谋划策，成为西汉重要的开国功臣。

明李在绘《圯上授书图》

原文

shū duì mì　pǔ duì huá　yì hú duì cí yā
疏对密，朴对华。义鹘对慈鸦❶。

hè qún duì yàn zhèn　bái zhù duì huáng má
鹤群对雁阵，白苎对黄麻❷。

dú sān dào　yín bā chā　sù jìng duì xuān huá
读三到❸，吟八叉❹。肃静对喧哗。

wéi qí jiān bǎ diào　chén lǐ bìng fú guā
围棋兼把钓❺，沉李并浮瓜❻。

yǔ kè piàn shí néng zhǔ shí　hú chán qiān jié sì zhēng shā
羽客片时能煮石❼，狐禅千劫似蒸沙❽。

dǎng wèi cū háo　jīn zhàng lǒng xiāng zhēn měi jiǔ
党尉粗豪，金帐笼香斟美酒；

táo shēng qīng yì　yín chēng róng xuě chuò tuán chá
陶生清逸，银铛融雪啜团茶❾。

鴉

鴉亦烏屬格物論云大喙及白頸而不能反哺者南人謂之鬼雀又謂之割鶬又謂之老鴉鳴則有凶咎人皆惡聞其聲

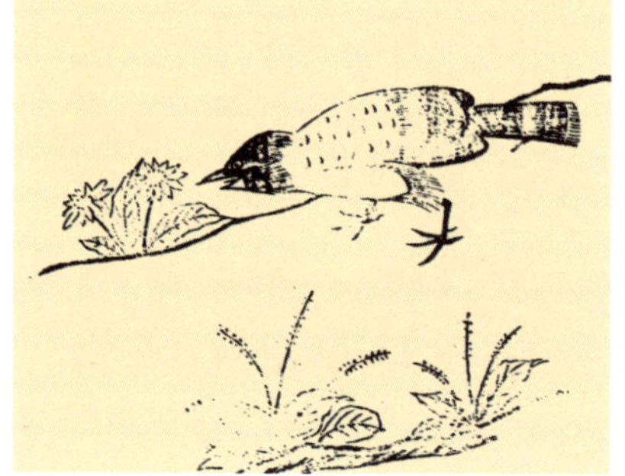

明刻本《三才图会》中的鸦图

注释

❶义鹘：鹘是鹰类猛禽，唐杜甫有《义鹘诗》。慈鸦：古人认为乌鸦是孝鸟，有反哺之义。❷白苎：白色的苎麻。黄麻：大麻的别名。❸读三到：古人读书经验，即要心到、眼到、口到。❹吟八叉：唐代诗人温庭筠才思敏捷，八叉其手诗就写好，人称“温八叉”。❺把钓：垂钓。❻沉李并浮瓜：古人夏天消暑，把水果浸在冷水中，故有沉李

浮瓜之说。❼煮石：仙人白石生能把白石煮成熟饭。❽狐禅：佛教中走入异端歧路的修行者。劫：佛教把世界从形成到毁灭的一个周期称为一劫。佛经中说：狐禅如蒸沙，千劫不能成饭。❾“党尉粗豪、陶生清逸”两句：宋代陶谷买来党太尉家一个婢女，一次用雪水烹茶，问：“党家有此雅趣吗？”婢女说：“他只知坐在销金帐里，饮羊羔美酒，浅斟低唱而已。”

清孙祐绘《陶谷烹雪图》

温八叉

温庭筠（yún）是唐代诗人，字飞卿，太原（今山西太原）人。其诗辞藻华丽，多写个人际遇，对时政也有所反映。词多写闺情，风格秾（nóng）艳。其诗与李商隐齐名，称“温李”。词则与韦庄并称“温韦”。又工骈文，与李商隐、段成式齐名。据说温庭筠文思敏捷，尤其擅长写词作赋。他写作构思时喜欢叉手，叉手笼袖八次就完成一篇佳作，因此人们称他为“温八叉”。后人以此语形容才思敏捷，挥笔成文。

清上官周绘《晚笑堂画传》中的温庭筠画像

原文

七阳

qī yáng

tái duì gé zhǎo duì táng zhāo yǔ duì xī yáng
台对阁，沼对塘。朝雨对夕阳。

yóu rén duì yǐn shì xiè nǚ duì qiū niáng
游人对隐士，谢女对秋娘❶。

sān cùn shé jiǔ huí cháng yù yè duì qióng jiāng
三寸舌❷，九回肠❸。玉液对琼浆❹。

qín huáng zhào dǎn jìng xú zhào fǎn hún xiāng
秦皇照胆镜❺，徐肇返魂香❻。

qīng píng yè xiào fú róng xiá huáng juàn shí tān bì lì chuáng
青萍夜啸芙蓉匣❼，黄卷时摊薜荔床❽。

yuán hēng lì zhēn tiān dì yì jī chéng huà yù
元亨利贞，天地一机成化育❾；

rén yì lǐ zhì shèng xián qiān gǔ lì gāng cháng
仁义礼智，圣贤千古立纲常❿。

元周朗绘《杜秋娘图》

注释

❶谢女：晋代才女谢道韫，人称咏絮高才。秋娘：唐时金陵人杜秋娘，受唐宪宗宠爱，擅唱《金缕衣》曲。❷三寸舌：也说“三寸不烂之舌”，指人能言善辩。❸九回肠：比喻忧思郁结难解。语出司马迁《报任安书》：“是以肠一日而九回。”❹玉液、琼浆：道教的仙药，后泛指美酒。❺秦皇照胆镜：传说秦始皇有一面照胆

镜，能照见人的五脏六腑。❻徐肇返魂香：传说徐肇遇到术士苏德哥，能制返魂香，有起死回生之效。❼青萍：古宝剑名。匣：剑鞘。❽黄卷：古书用纸以黄蘗汁涂染，以防虫蛀，故称书籍为黄卷。薜荔：中国南方一种常绿攀援灌木。❾“元亨利贞”句：《周易·乾卦》中的第一句，意为天地有此四德，才化育了万物。❿纲常：“三纲五常”的简称。

清任熊绘《於越先贤像赞》中的谢道韫画像

故事

道韫咏絮

谢道韫（yùn）是东晋女诗人，不仅自幼好学，喜欢读书，而且聪明有才辩。有一年冬天下大雪，她的伯父谢安与家人在后院赏雪。谢安一时高兴，就出了一句“大雪纷纷何所似”来考晚辈们。大家七嘴八舌地抢着回答，侄子谢朗说：“撒盐空中差可拟。”众人认为他比喻不当，谢安对他的回答也不满意。这时，一直沉默的谢道韫答道：“未若柳絮因风起。”这句诗以柳絮比作雪花，形象而贴切，大家纷纷拍手叫好，谢安也非常满意。谢道韫因此被世人称为“咏絮才”。

天津杨柳青年画《谢庭咏絮》，讲述谢道韫雪天咏诗的故事

原文

hóng duì bái lǜ duì huáng zhòuyǒng duì gēngcháng
红对白，绿对黄。昼永对更长❶。

lóng fēi duì fèng wǔ jǐn lǎn duì yá qiáng
龙飞对凤舞，锦缆对牙樯❷。

yún biàn shǐ xuě yī niáng gù guó duì tā xiāng
云弁使❸，雪衣娘❹。故国对他乡。

xióngwénnéng xǐ è yàn qǔ wèi qiú huáng
雄文能徙鳄❺，艳曲为求凰❻。

jiǔ rì gāofēng jīng luò mào mù chūn qū shuǐ xǐ liú shāng
九日高峰惊落帽❼，暮春曲水喜流觞❽。

sēngzhànmíngshān yún rào mào lín cáng gǔ diàn
僧占名山，云绕茂林藏古殿❾；

kè qī shèng dì fēngpiāo luò yè xiǎngkōngláng
客栖胜地，风飘落叶响空廊。

清任伯年绘《龙山落帽图》

注释

❶更：古代夜间计时单位，一夜分五更，每更约两小时。❷锦缆：锦制的缆绳。牙樯：象牙装饰的桅杆。❸云弁使：指蜻蜓。❹雪衣娘：白鹦鹉，杨贵妃养了一只岭南进献的白鹦鹉，名之雪衣女，宫女称为雪衣娘。❺雄文能徙鳄：唐代韩愈作潮州刺史时，有鳄鱼为害百姓，韩愈作《祭鳄鱼文》，传说鳄鱼真的搬到别处去了。❻艳曲为求凰：汉文帝时，司马相

如爱慕卓文君，在宴会上弹奏《凤求凰》表明心意，文君与之私奔。❼落帽：晋孟嘉做桓温参军时，重阳节宴集龙山，风吹落帽，浑然不觉。❽流觞：曲水流觞的典故。❾僧占名山：古代有“世间好语书谈尽，天下名山僧占多”的说法。

清彭旸绘《曲水流觞》图

曲水流觞是中国古代民间习俗，每年夏历上巳日（三月初三）举行祓禊（fú xì）仪式后，大家坐在河渠两旁，在上游放置酒杯，酒杯顺流而下，停在谁的面前，谁就取杯饮酒，以消除不吉。永和九年（353年）三月初三，王羲之、谢安、孙绰等人在兰亭集会，举行祓禊仪式后，曲水流觞，饮酒赋诗。王羲之将大家的诗收集起来，并挥毫作序，写下举世闻名的《兰亭集序》，被后人誉为“天下第一行书”，王羲之也因之被尊为“书圣”。

晋王羲之行书名作《兰亭集序》

原文

shuāi duì zhuàng　ruò duì qiáng　yàn shì duì xīn zhuāng
衰对壮，弱对强。艳饰对新妆❶。

yù lóng duì sī mǎ　pò zhú duì chuānyáng
御龙对司马❷，破竹对穿杨❸。

dú bān mǎ　shí qiú yáng　shuǐ sè duì shānguāng
读班马❹，识求羊❺。水色对山光。

xiān qí cáng lǜ jú　kè zhěnmènghuángliáng
仙棋藏绿橘❻，客枕梦黄粱❼。

chí cǎo rù shī yīn yǒu mèng　hǎi táng dài hèn wèi wú xiāng
池草入诗因有梦❽，海棠带恨为无香❾。

fēng qǐ huà táng　lián bó yǐng fān qīngxìngzhǎo
风起画堂，帘箔影翻青荇沼❿；

yuè xié jǐn jǐng　lù lú shēng dù bì wú qiáng
月斜金井，辘轳声度碧梧墙⓫。

清绣像本《东周列国志》中的养由基画像

注释

❶艳饰：浓艳的妆扮。❷御龙：复姓，相传夏朝时刘累为夏王驯龙，被赐姓御龙。司马：复姓，也是官职名。❸破竹：劈竹子，比喻做事顺利。语出《晋书·杜预传》。穿杨：楚国养由基百步之外射柳叶，百发百中。❹班马：汉代史学家班固和司马迁。❺求羊：西汉末年蒋诩辞官，在竹林中辟三条小路，只与隐士求仲、羊仲交往。❻仙棋藏绿橘：相传四川一户人家所种橘树结出两个巨

果，剖开发现两个老人在下棋。❼客枕梦黄粱：黄粱一梦的典故。❽池草入诗因有梦：南朝宋谢灵运梦见族弟谢惠连，得“池塘生春草，园柳变鸣禽”佳句。❾海棠带恨为无香：宋彭渊材平生有五恨，第四恨为“海棠无香”。❿帘箔：用竹、苇编成的帘子。⓫辘轳：安在井上通过绞绳汲水的工具。

清人绘《历代名臣像解》中的谢灵运画像

故事

黄粱一梦

传说唐玄宗开元年间，卢生怀才不遇。一天，他在邯郸旅店里遇到道士吕翁，两人谈得很投机。卢生抱怨自己生不逢时，吕翁便从行囊中取出一个青瓷枕头给他，告诉他睡在这个枕上可以实现自己的愿望。这时，店主人刚给他们煮上黄米饭。卢生入睡后，梦见自己科举及第，还娶了富家女为妻，从此官运亨通，儿孙满堂，享尽荣华富贵。不久卢生醒来，看到吕翁仍坐在床边，而店家的黄米饭还没有煮熟呢。

明臧懋循编《元曲选图》之《邯郸道省悟黄粱梦》，描绘卢生醒来，若有所思，而吕翁坐在床边的场景

原文

chén duì zǐ　dì duì wáng　rì yuè duì fēngshuāng
臣对子，帝对王。日月对风霜。

wū tái duì zǐ fǔ　xuě yǒu duì yún fáng
乌台对紫府❶，雪牖对云房❷。

xiāngshān shè　zhòu jǐn táng　bù wū duì yán láng
香山社❸，昼锦堂❹。蔀屋对岩廊❺。

fēn jiāo tú nèi bì　wén xìng shì gāo liáng
芬椒涂内壁❻，文杏饰高梁❼。

pín nǚ xìng fēn dōng bì yǐng　yōu rén gāo wò běi chuāngliáng
贫女幸分东壁影❽，幽人高卧北窗凉❾。

xiù gé tàn chūn　lì rì bàn lǒngqīng jìng sè
绣阁探春，丽日半笼青镜色❿；

shuǐ tíng zuì xià　xūn fēngcháng tòu bì tǒngxiāng
水亭醉夏，薰风常透碧筒香⓫。

注释

❶乌台：御史台的别称。紫府：道教称仙人居住的地方。❷雪牖：映雪的窗户。云房：僧道或隐者居住的房屋。❸香山社：唐代诗人白居易在洛阳与香山僧如满结香火社，也称香山社。❹昼锦堂：北宋宰相韩琦退休还乡，建昼锦堂以养老，欧阳修为之作《昼锦堂记》。❺蔀屋：用草席盖顶的房屋。岩廊：高峻的廊庑。❻芬椒涂内壁：汉代皇后所居宫室，以椒和泥涂内壁，称椒房。❼文杏饰高梁：汉司马相如《长门赋》中有“饰文杏以为梁”句。文杏，即银杏。❽贫女幸分东壁影：齐女徐吾

清殿藏本白居易画像

借邻妇烛光纺线的故事。❾幽人高卧北窗凉：晋代诗人陶渊明在给儿子的信中说，自己夏日高卧北窗下，每当凉风吹来，仿佛回到上古时代。❿绣阁：古时女子卧房。⓫碧筒：即碧筒杯，一种用荷叶做成的饮酒器。

清殿藏本韩琦画像

故事

分余光

战国时，齐国东部海边的贫家女子徐吾与邻居妇女在夜间织布，大家轮流提供蜡烛。徐吾好几次没有带蜡烛来，有人说不再跟她一起织布。徐吾说："我因为贫穷，没钱买蜡烛，所以每天早来晚归打扫房间作为补偿，并坐在东壁的角落里。况且一室之中，多一个人的蜡烛与少一个人的蜡烛，对亮光没有多少影响，大家何必吝啬东壁的余光，不让我受些恩惠呢？"大家觉得她说的有道理，就允许她留下来。

明吕坤撰《闺范》之《齐徐吾》，描绘徐吾与邻妇一起在烛光下纺线的场景

原文

八庚

bā gēng

xíng duì mào sè duì shēng xià yì duì zhōu jīng
形对貌，色对声。夏邑对周京❶。

jiāng yún duì jiàn shù yù qìng duì yín zhēng
江云对涧树，玉磬对银筝❷。

rén lǎo lǎo wǒ qīngqīng xiǎo yàn duì chūnyīng
人老老❸，我卿卿❹。晓燕对春莺。

xuánshuāngchōng yù chǔ bái lù zhù jīn jīng
玄霜舂玉杵❺，白露贮金茎❻。

gǔ kè jūn shān qiū nòng dí xiān rén gōu lǐng yè chuīshēng
贾客君山秋弄笛❼，仙人缑岭夜吹笙❽。

dì yè dú xīng jìn dào hàn gāo néngyòngjiàng
帝业独兴，尽道汉高能用将❾；

fù shū kōng dú shuí yán zhào kuò shàn zhī bīng
父书空读，谁言赵括善知兵❿。

明洪应明编绘《仙佛奇踪》中的裴航画像

注释

❶夏邑：夏朝的都邑。周京：周朝的京城。❷磬：古代用玉或石制成的打击乐器。❸老老：尊敬老人，语出《孟子·梁惠王上》："老吾老，以及人之老。"❹卿卿：形容男女之间的亲密关系。❺玄霜舂玉杵：唐代秀才裴航在蓝桥驿遇到仙人云英母女，以玉杵臼为聘礼，捣仙药百日，终娶得云英为妻并成

仙。❻金茎：汉武帝承露盘的托柱，以铜制成，名金茎。❼贾客君山秋弄笛：商人吕乡筠在君山遇仙人吹笛，湖上风波大作，月色昏昧。❽仙人缑岭夜吹笙：周灵王太子晋善吹笙，遇仙人浮丘公接上嵩山，后乘白鹤过缑氏岭，与家人作别。❾“帝业独兴”句：汉高祖刘邦善用人才而取得天下，事见《史记·高祖本纪》。❿“父书空读”句：纸上谈兵的典故。

清人绘赵奢画像

故事

纸上谈兵

战国时，赵国名将赵奢之子赵括，自幼熟读兵书，谈论起兵法口若悬河，以为天下人谁也比不过他。赵奢了解赵括，认为他只会纸上谈兵，如果让他做将领，肯定会给赵国带来灾难。后来，秦国攻打赵国，老将廉颇率兵抵抗，秦军无法取胜。然而，赵王中反间计，派赵括接替廉颇为将。赵括不分析客观情况，一味照搬兵书，贸然出击，结果被秦军包围，粮草断绝，军心涣散。赵括无奈，率兵突围，不幸被秦军乱箭射死，四十万赵军几乎全军覆没。

清绣像本《东周列国志》插图《败长平白起坑赵卒》，描绘赵军长平战败，秦军斩杀赵国士卒的场景

原文

gōng duì yè　xìng duì qíng　yuè shàng duì yún xíng
功对业，性对情。月上对云行。

chéng lóng duì fù jì　làng yuàn duì péng yíng
乘龙对附骥❶，阆苑对蓬瀛❷。

chūn qiū bǐ　yuè dàn píng　dōng zuò duì xī chéng
春秋笔❸，月旦评❹。东作对西成❺。

suí zhū guāng zhào shèng　hé bì jià lián chéng
隋珠光照乘❻，和璧价连城❼。

sān jiàn sān rén táng jiàng yǒng　yì qín yí hè zhào gōng qīng
三箭三人唐将勇❽，一琴一鹤赵公清❾。

hàn dì qiú xián　zhào fǎng yán tān féng gù jiù
汉帝求贤，诏访严滩逢故旧❿；

sòng tíng yōu lǎo　nián zūn luò shè zhòng qí yīng
宋廷优老，年尊洛社重耆英⓫。

清人绘《历代名臣像解》中的文彦博画像

注释

❶乘龙：比喻得到好女婿。附骥：比喻依附他人而成名。❷阆苑、蓬瀛：传说中的仙境。❸春秋笔：孔子作《春秋》，寓褒贬于文字中，人称“春秋笔”。❹月旦评：汉末许靖、许劭兄弟喜好臧否人物，每月第一天变更评论主题，时人称“月旦评”。❺东作：春天耕作。西成：秋天收获。❻隋珠光照乘：传说隋侯救了一条受伤的蛇，后来蛇衔月光珠报恩，称隋侯珠。❼和璧价连城：春秋时楚人卞和得璞玉，被雕成玉璧，人称“和氏璧”，价

值连城。❽三箭三人唐将勇：唐薛仁贵三箭定天山的故事。❾一琴一鹤赵公清：北宋赵抃为官清廉，去成都赴任，只带一琴一鹤。❿“汉帝求贤”句：汉光武帝求贤，派人将严子陵接回朝廷，以礼相待。⓫“宋廷优老”句：北宋文彦博、司马光、富弼等人在洛阳组建“耆英会”，饮酒赋诗为乐。

清人绘薛仁贵画像

故事

三箭定天山

薛仁贵是唐代大将，善骑射。当时，西北突厥九族经常侵扰唐朝边境，唐高宗命薛仁贵等率军征伐，两军在天山（今蒙古杭爱山）交战。突厥九部聚集十余万兵众，他们选出几十名骁（xiāo）勇的军官向唐军挑战。薛仁贵连发三箭，射杀三人，突厥官兵被薛仁贵的气势慑（shè）服，其余的人都下马投降，薛仁贵趁势率军击败突厥大军。后来，唐军中流传着“将军三箭定天山，壮士长歌入汉关”的歌谣，薛仁贵的威名也随之传播四方。

清马骀绘《历代名将画谱》之《天山三箭》，讲述薛仁贵三箭定天山的故事

原文

hūn duì dàn huì duì míng jiǔ yǔ duì xīn qíng
昏对旦，晦对明。久雨对新晴。

liǎo wān duì huā gǎng zhú yǒu duì méi xiōng
蓼湾对花港❶，竹友对梅兄❷。

huáng shí sǒu dān qiū shēng quǎn fèi duì jī míng
黄石叟❸，丹丘生❹。犬吠对鸡鸣。

mù shān yún wài duàn xīn shuǐ yuè zhōng píng
暮山云外断，新水月中平。

bàn tà qīng fēng yí wǔ mèng yì lí hǎo yǔ chèn chūn gēng
半榻清风宜午梦，一犁好雨趁春耕。

wáng dàn dēng yōng wù wǒ shí nián chí zuò xiàng
王旦登庸，误我十年迟作相❺；

liú fén bú dì kuì tā duō shì zǎo chéng míng
刘蕡不第，愧他多士早成名❻。

注释

❶蓼湾：长满蓼草的水湾。花港：长满花的小河。❷竹友：以竹为友。梅兄：以梅为兄。❸黄石叟：黄石公，汉初张良所遇仙人，曾授以《太公兵法》。❹丹丘生：传说中的仙人。丹丘，传说神仙居住之地，昼夜长明。❺“王旦登庸”句：北宋宰相王旦掌权十八年，死后，王钦若继为宰相，对人说：“为王公迟我十年作宰相。”登庸，做官。❻“刘蕡不第”

清人绘《历代名臣像解》中的王旦画像

明陈继儒绘《梅竹双清图》

句：唐进士刘蕡在策问中痛斥宦官之弊，考官不敢录取他。后因宦官迫害，刘蕡终被贬死。

刘蕡刚直

唐朝末年，宦官当权，刘蕡对此极为愤慨。在太和二年（828年）的一次科举对策中，参加考试的人都说些平常之极的事情，只有刘蕡直言指责宦官专权对国家的危害。当时看过刘蕡对策的人，都感动不已，有的甚至当场流泪。但主考官因害怕得罪宦官，没有录取刘蕡。士人们对此感到不平，被录取的李郃（hé）说：“刘蕡没有被录取，让我们这些被录取的人实在惭愧。”请求把授予自己的官职让给刘蕡。事情虽未办成，当时人都对李郃称赞有加。

唐三彩骆驼载乐佣

原文

jiǔ qīng
九青

gēng duì jiǎ sì duì dīng wèi què duì tóng tíng
庚对甲，巳对丁❶。魏阙对彤庭❷。

méi qī duì hè zǐ zhū bó duì yín píng
梅妻对鹤子❸，珠箔对银屏❹。

yuān yù zhǎo lù fēi tīng hóng yàn duì jí líng
鸳浴沼，鹭飞汀❺。鸿雁对鹡鸰❻。

rén jiān shòu zhě xiàng tiān shàng lǎo rén xīng
人间寿者相❼，天上老人星❽。

bā yuè hǎo xiū pān guì fǔ sān chūn xū jì hù huā líng
八月好修攀桂斧❾，三春须系护花铃❿。

jiāng gé píng lín yì shuǐ jìng lián tiān jì bì
江阁凭临，一水净连天际碧⓫；

shí lán xián yǐ qún shān xiù xiàng yǔ yú qīng
石栏闲倚，群山秀向雨余青⓬。

注释

❶庚、甲、巳、丁：中国古代历法中“十天干”中的四个。❷魏阙：古代宫门外两边高耸的楼观，常代指朝廷。彤庭：汉代皇宫用朱漆涂饰，后泛指皇宫。❸梅妻、鹤子：以梅为妻，以鹤为子。北宋诗人林逋隐居西湖孤山，赏梅养鹤，终身不娶，人称“梅妻鹤子”。❹珠箔：珍珠缀的帘子。银屏：镶银的屏风。❺汀：水边的

清陈崇光绘《吴刚修月图》

小洲。❻鹡鸰：生活在水边，喜欢群飞。❼寿者相：长寿人的相貌。❽老人星：古人认为天上有南极老人星，掌管人的寿命。❾八月好修攀桂斧：吴刚伐桂的典故。古代科举考试一般在八月，考中者称“攀桂”或“折桂”。❿护花铃：唐玄宗哥哥宁王爱花，命人在树上系铃，鸟雀来了摇铃驱赶。⓫凭临：登高远眺。⓬雨余：雨后。

清人绘《历代名臣像解》中的林逋画像

故事

梅妻鹤子

清黄山寿绘《梅妻鹤子图》

北宋时，林逋（bū）虽家境贫寒，却刻苦学习，最终成为一个很有学问的人。可是林逋生性恬淡，对功名利禄不屑一顾，他厌恶社会上追逐名利的风气，于是在杭州西湖边的孤山中隐居起来。林逋的脾气非常古怪，既不娶妻，更不要孩子。他特别喜爱梅花和仙鹤，经常四处寻访，只要遇到好的品种，不管多贵，都会买回来，闲暇的时候，便一个人在院子里赏梅玩鹤。周围的人知道后，都称他以梅为妻，以鹤为子。

原文

wēi duì luàn tài duì níng nà bì duì qū tíng
危对乱，泰对宁。纳陛对趋庭❶。

jīn pán duì yù zhù fàn gěng duì fú píng
金盘对玉箸，泛梗对浮萍❷。

qún yù pǔ zhòngfāng tíng jiù diǎn duì xīn xíng
群玉圃❸，众芳亭❹。旧典对新型。

qí niú xián dú shǐ mù shǐ zì héng jīng
骑牛闲读史❺，牧豕自横经❻。

qiū shǒu tián zhōng hé yǐngzhòng chūn yú yuán nèi cài huā xīn
秋首田中禾颖重❼，春余园内菜花馨❽。

lǚ cì qī liáng sài yuè jiāngfēng jiē cǎn dàn
旅次凄凉，塞月江风皆惨淡；

yán qiánhuānxiào yān gē zhào wǔ dú pīngtíng
筵前欢笑，燕歌赵舞独娉婷❾。

明刻本《三才图会》中的西王母画像

注释

❶纳陛：登上台阶。趋庭：孔鲤快步走过庭院，父亲孔子问他学习诗礼的情况。事见《论语·季氏》，后以“趋庭”指接受父亲教诲。❷泛梗：随水漂流的树枝。典出《战国策·齐策三》中桃梗与泥人的对话，比喻到处漂泊，无处安身。浮萍：漂浮在水中的萍草。❸群玉圃：相传西王母住在群玉山，山中有产玉的园圃。❹众芳亭：亭名，以宋代晁公武在汉中府所建最著名。❺骑牛闲读史：隋末李密牛角挂书的故事。❻牧豕自横经：汉代丞相公孙弘少年家贫，为人

放猪，常带经卷阅读，五十岁官至丞相。❼禾颖：带芒的谷穗。❽春余：春末。馨：散布很远的香气。❾燕歌赵舞：古代燕赵多出歌伎，能歌善舞。娉婷：舞姿优美的样子。

清人绘杨素画像

故事

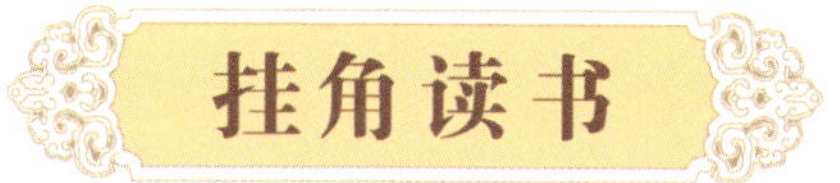

挂角读书

李密是隋末军事家，少年时就发愤读书，决心做个有学问的人，因此走到哪里都要把书带在身边。一天，他出门去看朋友，路上把《汉书》挂在牛角上，边走边看，正在自得其乐时，与宰相杨素相遇。杨素见他如此好学，顿生好感，通过交谈发现李密还有举一反三的独到见解，回家后就让儿子杨玄感好好向李密学习。隋朝末年，杨玄感起兵反隋，让李密做军师。后来，凭着出众的智谋和胆略，李密成为瓦岗军首领，是推翻隋炀帝暴政的重要力量。

清吴友如绘《古今人物图》中的《牛角挂书》，讲述李密牛角挂书，刻苦读书的故事

shí zhēng
十蒸

píng duì liǎo qiàn duì líng yàn yì duì yú zēng
苹对蓼，芡对菱❶。雁弋对鱼罾❷。

qí wán duì lǔ qǐ shǔ jǐn duì wú líng
齐纨对鲁绮，蜀锦对吴绫❸。

xīng jiàn mò rì chū shēng jiǔ pìn duì sān zhēng
星渐没，日初升。九聘对三征❹。

xiāo hé céng zuò lì jiǎ dǎo xī wéi sēng
萧何曾作吏❺，贾岛昔为僧❻。

xián rén shì lǚ xún guī jǔ dà jiàng huī jīn jiào zhǔnshéng
贤人视履循规矩❼，大匠挥斤校准绳❽。

yě dù chūnfēng rén xǐ chéngcháo yí jiǔ fǎng
野渡春风，人喜乘潮移酒舫❾；

jiāng tiān mù yǔ kè chóu gé àn duì yú dēng
江天暮雨，客愁隔岸对渔灯❿。

注释

❶苹、蓼、芡、菱：都是水生植物。❷雁弋：尾端带绳的箭，用于射雁。鱼罾：用木棍或竹竿做支架的方形渔网。❸齐纨、鲁绮、蜀锦、吴绫：纨、绮、锦、绫均为名贵丝织品，分别产于齐、鲁、蜀、吴。❹九聘：多次聘请。三征：朝廷三次征召。《后汉书·杨伦传》：“伦前后三征，皆以直谏不合。”❺萧何曾作吏：随刘邦起兵前，萧何曾在沛县担任主吏掾（管人事）的小官。❻贾岛

清石涛绘《野渡图》

昔为僧：唐代诗人贾岛曾做过僧人，韩愈赏其诗才，令其还俗。❼视履：语出《周易·履卦》，意为检视自己的行为。❽大匠挥斤校准绳：郢人粘在鼻尖的白泥，被匠人用斧子削去，却伤不到鼻子。典出《庄子·徐无鬼》。❾酒舫：载酒的船。❿渔灯：渔船上的灯火。

清人绘贾岛画像

故事

匠石运斤

《庄子·徐无鬼》中记载了一则匠石与郢（yǐng）人的故事：古时候，楚国郢都有一个使用斧子特别娴（xián）熟的工匠叫匠石，还有一个胆大而沉着的郢人。一天，郢人鼻子上沾了苍蝇翅膀大小的白土，请匠石用斧子砍掉。匠石挥动斧子，砍掉郢人鼻子上的白土，郢人的鼻子完好无损，郢人也脸不变色，从容自若。宋元君听说后，想亲自观看表演。他找到匠石，匠石却说：“我虽然很会使斧子，但现在却无法表演，因为那个胆大而沉着的郢人已不在人世了。”

明刻本《列仙全传》中的庄子画像

原文

tán duì tǔ　wèi duì chēng　rǎn mǐn duì yán zēng
谈对吐，谓对称。冉闵对颜曾❶。

hóu yíng duì bó pǐ　zǔ tì duì sūn dēng
侯嬴对伯嚭❷，祖逖对孙登❸。

pāo bái zhù　yàn hóng líng　shèng yǒu duì liáng péng
抛白纻❹，宴红绫❺。胜友对良朋❻。

zhēng míng rú zhú lù　móu lì sì qū yíng
争名如逐鹿❼，谋利似趋蝇❽。

rén jié yí cán zhōu bú shì　wáng líng mǔ shí hàn fāng xīng
仁杰姨惭周不仕❾，王陵母识汉方兴❿。

jù xiě qióng chóu　huàn huā jì jì chuán gōng bù
句写穷愁，浣花寄迹传工部⓫；

shī yín biàn luàn　níng bì shāng xīn tàn yòu chéng
诗吟变乱，凝碧伤心叹右丞⓬。

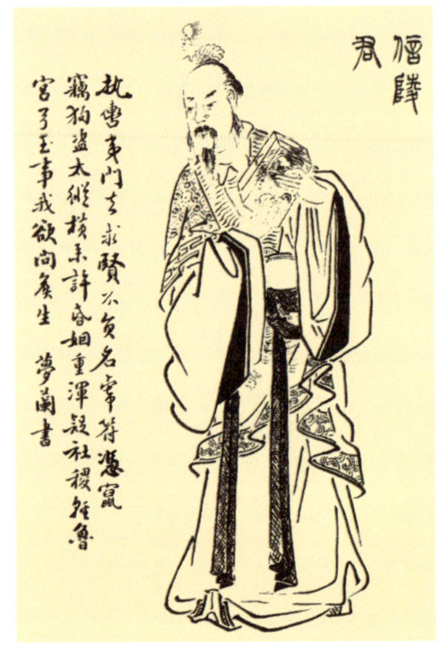

清绣像本《东周列国志》中的信陵君画像

注释

❶冉闵、颜曾：指孔子弟子冉有、闵子骞、颜回和曾参。❷侯嬴：战国时魏人，曾助信陵君窃符救赵。伯嚭：春秋吴太宰，受贿放走勾践，致吴亡国。❸祖逖：东晋将领，北伐收复大片失地。孙登：晋初隐士，尤擅长啸。❹抛白纻：古代未得功名者穿白麻服，登第即抛弃。❺宴红绫：唐昭宗曾在曲江设宴，以红绫饼分赐新科进士。❻胜友、良朋：都指好朋友。❼逐鹿：比喻在战场厮杀，争夺天下。❽趋蝇：追逐蝇头小利。❾仁杰姨惭周

不仕：唐狄仁杰做武周宰相，问表弟有何要求，姨母不愿让儿子在女皇朝为官。⑩王陵母识汉方兴：楚汉战争时，项羽抓王陵母以招降王陵，王陵母嘱儿辅佐刘邦，而后自杀。⑪“句写穷愁”句：杜甫曾在浣花溪居住，诗句充满穷愁。⑫“诗吟变乱”句：王维有感时局变乱，《凝碧池》诗充满哀叹。

清人绘《历代名臣像解》中的狄仁杰画像

故事

夷门访贤

战国时，魏国的信陵君地位十分显赫，但是他并没有因此而骄横。那时，魏国有个在夷门看门的隐士叫侯嬴，信陵君了解到侯嬴很有才能，便亲自驾车去接他。侯嬴知道信陵君的名声，为了试探他的诚意，故意装出傲慢的样子，并说要到市场上去看一个朋友，信陵君连忙把他拉到市场上。侯嬴和朋友朱亥闲聊，信陵君在一旁耐心等待，直到他们谈完话，才恭敬地请侯嬴上车。侯嬴被信陵君的真诚打动，痛快地做了他的门客，从此甘愿为信陵君出谋划策，甚至献出自己的生命。

清吴历绘《人物故事图册》之一，根据《史记·魏公子列传》记载，讲述信陵君拜请侯嬴的故事

原文

十一 尤

róng duì rǔ　xǐ duì yōu　qiǎnquǎn duì chóumóu
荣对辱，喜对忧。缱绻对绸缪❶。

wú wá duì yuè nǚ　yě mǎ duì shā ōu
吴娃对越女，野马对沙鸥。

chá jiě kě　jiǔ xiāochóu　bái yǎn duì cāng tóu
茶解渴，酒消愁。白眼对苍头❷。

mǎ qiān xiū shǐ jì　kǒng zǐ zuò chūn qiū
马迁修史记❸，孔子作春秋❹。

shēn yě gēng fū xián jǔ sì　wèi bīn yú fǔ wǎnchuí gōu
莘野耕夫闲举耜❺，渭滨渔父晚垂钩❻。

lóng mǎ yóu hé　xī dì yīn tú ér huà guà
龙马游河，羲帝因图而画卦❼；

shén guī chū luò　yǔ wáng qǔ fǎ yǐ míngchóu
神龟出洛，禹王取法以明畴❽。

明人绘孔子为鲁司寇像

注释

❶缱绻、绸缪：均指感情深厚，情意缠绵。❷白眼：晋阮籍能为青白眼，见庸俗之人以白眼对之，见不同流俗者则青眼有加。苍头：以青巾裹头的士卒，秦末有苍头军。❸马迁修史记：汉代司马迁著有《史记》。❹孔子作春秋：相传《春秋》为孔子所作。❺莘野耕夫闲举耜：商汤时人伊尹耕于有莘之野，而乐尧

舜之道。❻渭滨渔父晚垂钩：商朝末年，姜尚垂钓于渭滨之水，等待贤主。❼“龙马游河”句：伏羲时，龙马出现于黄河，背负图案，伏羲据此画成八卦。❽“神龟出洛”句：大禹治水时，神龟从洛水出现，背上有九组不同图案，大禹从中推演出治理天下的九种大法。

清人绘伊尹画像

故事

司马迁修《史记》

司马迁是西汉史学家、文学家和思想家。早年遍游大江南北，考察名胜古迹，访问史事传说，调查社会风俗。太初元年（前104年），开始创作《史记》，但不久卷入李陵案中。李陵与匈奴作战，因寡不敌众而投降。司马迁替李陵辩护，惹恼汉武帝，因此获罪入狱，遭受宫刑。蒙受如此大辱，司马迁很想一死了之，但想到父亲的重托和自己未竟的事业，他打消自杀念头，决定忍辱负重，苟且存活。出狱后，司马迁任中书令，在逆境中发奋著述，最终完成千古名著《史记》。

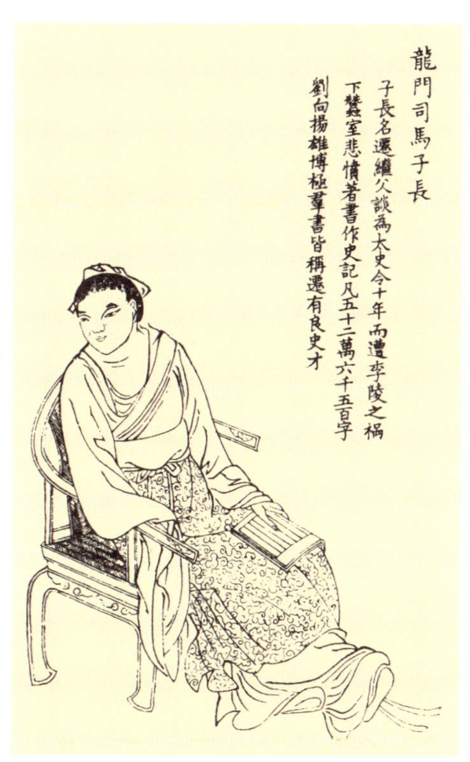

清金谷良绘《无双谱》中的司马迁画像

原文

guān duì lǚ　xì duì qiú　yuànxiǎo duì tíng yōu
冠对履，舄对裘❶。院小对庭幽。
miànqiáng duì xī dì　cuò zhì duì liángchóu
面墙对膝地❷，错智对良筹❸。
gū zhàngsǒng　dà jiāng liú　fāng zé duì yuán qiū
孤嶂耸❹，大江流。方泽对圆丘❺。
huā tán lái yuè chàng　liǔ yǔ qǐ wú ōu
花潭来越唱，柳屿起吴讴❻。
yīng lǎn yàn máng sān yuè yǔ　qióng cuī chán tuì yì tiān qiū
莺懒燕忙三月雨，蛩摧蝉退一天秋。
zhōng zǐ tīng qín　huāng jìng rù lín shān jì jì
钟子听琴，荒径入林山寂寂❼；
zhé xiān zhuō yuè　hóng tāo jiē àn shuǐ yōu yōu
谪仙捉月，洪涛接岸水悠悠❽。

注释

❶舄：鞋子。裘：皮衣。❷面墙：比喻不学习而思路闭塞，见识浅薄。❸错智：西汉晁错很有智谋，人称“智囊”。良筹：汉初张良有高明的谋略，在楚汉战争中发挥重要最用。❹孤嶂：孤立的高山。❺方泽：古时夏日祭地祇的方坛。圆丘：古代祭天的圆形高台。❻越唱：越地的曲调。吴讴：吴地的民歌。❼“钟子听

明谢时臣绘《谪仙玩月图》，描绘李白坐在船上对月饮酒的场景

琴”句：春秋俞伯牙善弹琴，钟子期为其知音的故事。❽“谪仙捉月”句：传说李白喝醉酒后，看到江心倒映的明月便跳下去捕捉，结果被淹死。

故事

高山流水

清马骀绘《古今人物画谱》之《伯牙抚琴》图，描绘俞伯牙在舟中弹琴，钟子期在岸上倾听的场景

俞伯牙是春秋时的琴师，相传一次在船上弹琴，对面走来一个樵夫。俞伯牙刚弹完一首表现高山巍峨的曲子，樵夫就赞叹道：“弹得太好了！像泰山一样巍峨雄伟。”俞伯牙很吃惊，于是又弹奏一首表现流水无尽的曲子。樵夫又赞道：“弹得太妙了！像长江、黄河一样浩浩荡荡。”俞伯牙知道自己遇到了知音，忙把樵夫请到船上，谈论琴艺。这个樵夫就是钟子期。后来，钟子期病故。俞伯牙扯断琴弦，发誓不再弹琴，他觉得没人会像钟子期那样理解自己的音乐了。

元王振鹏绘《伯牙鼓琴图》

原文

yú duì niǎo　jí duì jiū　cuì guǎn duì hóng lóu
鱼对鸟，鹡对鸠。翠馆对红楼❶。

qī xián duì sān yǒu　ài rì duì bēi qiū
七贤对三友❷，爱日对悲秋。

hǔ lèi gǒu　yǐ rú niú　liè bì duì zhū hóu
虎类狗❸，蚁如牛❹。列辟对诸侯❺。

chénchàng lín chūn lè　suí gē qīng yè yóu
陈唱临春乐❻，隋歌清夜游❼。

kōngzhōng shì yè qí lín gé　dì xià wénzhāngyīng wǔ zhōu
空中事业麒麟阁❽，地下文章鹦鹉洲❾。

kuàng yě píngyuán　liè shì mǎ tí qīng sì jiàn
旷野平原，猎士马蹄轻似箭；

xié fēng xì yǔ　mù tóng niú bèi wěn rú zhōu
斜风细雨，牧童牛背稳如舟。

注释

❶翠馆：佳人的住处，也指青楼。红楼：富贵人家女子的住处，也指青楼。❷七贤：魏晋时期的“竹林七贤”：嵇康、阮籍、山涛、向秀、阮咸、王戎、刘伶。三友：松、竹、梅并称“岁寒三友”。❸虎类狗：东汉马援在给侄子的信中，告诫他们不要学习豪侠仗义的杜季良，以免“画虎不成反类犬”。❹蚁如牛：晋殷师患虚悸症，听床下蚂蚁响动，以为是牛在争

唐阎立本绘《历代帝王图卷》中的隋炀帝画像

斗。❺列辟：列国诸侯。❻陈唱临春乐：南朝陈后主修临春阁，与宠妃大臣终日嬉戏，唱《临春乐》曲。❼隋歌清夜游：隋炀帝喜欢夏夜宴游，放萤火虫照明，唱《清夜游》曲。❽麒麟阁：汉宣帝为纪念功臣，命人将霍光等人的像画在麒麟阁上。❾鹦鹉洲：三国祢衡被刘表部下所杀，因曾作《鹦鹉赋》，便将其葬地称为“鹦鹉洲”。

清人绘《历代名人像解》中的霍光画像

故事

鹦鹉洲的来历

三国时，祢（mí）衡很有文采，但恃才傲物。曹操召他为鼓吏，却受到他的羞辱，于是把他送给荆州的刘表。祢衡又羞辱刘表，刘表把他送给江夏太守黄祖。黄祖起初礼遇祢衡，后来祢衡在一个公开场合出言不逊，被黄祖杀了。黄祖的儿子黄射任章陵太守时，与祢衡关系很好，一次黄射大宴宾客，有人献来一只鹦鹉，黄射希望祢衡以此为赋，娱乐嘉宾。祢衡挥笔而就，文不加点，文采华丽。因祢衡曾作《鹦鹉赋》，人们便把埋葬他的地方称为鹦鹉洲。

清绣像本《三国演义》中的祢衡画像

原文

shí èr qīn
十二侵

gē duì qǔ　xiào duì yín　wǎng gǔ duì lái jīn
歌对曲，啸对吟。往古对来今。

shān tóu duì shuǐ miàn　yuǎn pǔ duì yáo cén
山头对水面，远浦对遥岑[1]。

qín sān shàng　xī cùn yīn　mào shù duì píng lín
勤三上[2]，惜寸阴[3]。茂树对平林。

biàn hé sān xiàn yù　yáng zhèn sì zhī jīn
卞和三献玉[4]，杨震四知金[5]。

qīng huáng fēng nuǎn cuī fāng cǎo　bái dì chéng gāo jí mù zhēn
青皇风暖催芳草[6]，白帝城高急暮砧[7]。

xiù hǔ diāo lóng　cái zǐ chuāng qián huī cǎi bǐ
绣虎雕龙，才子窗前挥彩笔[8]；

miáo luán cì fèng　jiā rén lián xià dù jīn zhēn
描鸾刺凤，佳人帘下度金针[9]。

清人绘《历代名臣像解》中的陶侃画像

注释

[1]浦：水边或河流入海的地区。岑：小而高的山。[2]勤三上：古人善读书者有三上之功：马上、枕上、厕上，语出宋欧阳修《归田录》。[3]惜寸阴：东晋陶侃致力于恢复中原，常勉励下属：“禹惜寸阴，吾人当惜分阴。”[4]卞和三献玉：春秋时，楚人卞和得到一块璞玉，因被误认为是普通石

头，分别被武王、成王砍掉两条腿，文王时才被雕成无价之宝“和氏璧”。❺杨震四知金：东汉杨震昏夜辞金的故事。❻青皇：古代神话中的春神。❼“白帝城”句：语出杜甫《秋兴八首》：“寒衣处处催刀时，白帝城高急暮砧。”❽绣虎：三国魏曹植有奇才，七步成诗，人称“绣虎”。雕龙：战国齐驺奭善言谈，人称“雕龙奭”。❾度金针：传说古代郑彩珠七夕祭织女，织女送她一根金针，其绣技大长。

清人绘《历代名臣像解》中的杨震画像

故事

昏夜辞金

杨震是东汉名士，人称“关西孔子”。他做官后，为政清廉，从不接受别人的贿赂。一次，杨震路过山东昌邑，他的学生王密正在这里做县令。晚上，王密拜见杨震，送上十斤黄金。杨震拒绝道：“我了解你，你却不了解我，这是为什么？”王密说：“恩师放心收下吧，夜深人静，是没有人会知道的。”杨震生气地说：“天知道，地知道，你知道，我知道，怎么说没有人知道呢？”王密听后很惭愧，带着黄金离开了。

清马骀绘《古今人物画谱》之《杨震四知》图，描绘杨震拒收王密所送黄金的场景

原文

dēng duì tiào　shè duì lín　ruì xuě duì gān lín
登对眺，涉对临。瑞雪对甘霖❶。

zhǔ huān duì mín lè　jiāo qiǎn duì yán shēn
主欢对民乐，交浅对言深。

chǐ sān zhàn　lè qī qín　gù qǔ duì zhī yīn
耻三战❷，乐七擒❸。顾曲对知音❹。

dà chē xíng jiàn jiàn　sì mǎ jù qīn qīn
大车行槛槛❺，驷马聚骎骎❻。

zǐ diàn qīng hóng téng jiàn qì　gāo shān liú shuǐ shí qín xīn
紫电青虹腾剑气❼，高山流水识琴心❽。

qū zǐ huái jūn　jí pǔ yín fēng bēi zé pàn
屈子怀君，极浦吟风悲泽畔❾；

wáng láng yì yǒu　piān zhōu wò xuě fǎng shān yīn
王郎忆友，扁舟卧雪访山阴❿。

注释

❶瑞雪：应时的好雪。甘霖：久旱后下的雨。❷耻三战：春秋时，鲁国曹沫以与齐国作战被三次打败而耻辱。❸乐七擒：三国诸葛亮七擒七纵孟获的故事。❹顾曲：三国周瑜精通音乐，有人演奏错误，他会回头看一眼。知音：春秋俞伯牙以钟子期为知音的故事。❺槛槛：车行的声音。❻骎骎：马快跑的样子。❼紫电青虹腾剑气：此句化用王勃《滕王阁序》"紫电青霜，王将军之武库"语意。❽高山流水识琴心：春秋钟子期能听懂俞伯牙

清马骀绘《历代名将画谱》中的周瑜画像

的琴音。❾"屈子怀君"句：战国屈原在流放地怀念楚王，于水滨吟诵悲哀的词句。❿"王郎忆友"句：东晋王徽之雪夜乘舟访山阴戴逵，到达门口而不入，直接返回。

元张渥绘《雪夜访戴图》（局部）

七擒七纵

三国时，诸葛亮为了解除北伐的后顾之忧，亲自率军进兵南中。征得马谡（sù）的意见后，诸葛亮决定采取攻心为上的策略。孟获是南中地区少数民族的酋长，在当地很有威望。第一次交战，孟获被诸葛亮活捉。孟获认为自己不知蜀军虚实，才导致失败，如果能看过蜀军各营，再战定能获胜。诸葛亮将孟获释放，让他率兵再战，结果又被诸葛亮捉住。如此再战再擒，再擒再放，前后共七次。第七次释放孟获时，孟获心服口服，从此甘心臣服蜀汉。

清代年画《银坑洞七擒孟获》，描绘诸葛亮第七次捉住孟获的场景

原文

shí sān tán
十三覃

gōng duì què　zuò duì kān　shuǐ běi duì tiān nán
宫对阙，座对龛❶。水北对天南。

shèn lóu duì yǐ jùn　wěi lùn duì gāo tán
蜃楼对蚁郡❷，伟论对高谈。

lín qǐ zǐ　shù pián nán　dé yī duì hán sān
遴杞梓❸，树楩楠❹。得一对函三❺。

bā bǎo shān hú zhěn　shuāng zhū dài mào zān
八宝珊瑚枕❻，双珠玳瑁簪❼。

xiāo wáng dài shì xīn wéi chì　lú xiàng qī jūn miàn dú lán
萧王待士心惟赤❽，卢相欺君面独蓝❾。

jiǎ dǎo shī kuáng　shǒu nǐ qiāo mén xíng chù xiǎng
贾岛诗狂，手拟敲门行处想❿；

zhāng diān cǎo shèng　tóu néng rú mò xiě shí hān
张颠草圣，头能濡墨写时酣⓫。

明刻传奇图像十种之《南柯记》插图

注释

❶龛：供奉佛像、神位的小阁子。❷蜃楼：古人指由蜃气变幻而成的楼阁。蚁郡：唐传奇《南柯太守传》所载淳于棼南柯一梦的故事。❸遴杞梓：比喻选拔栋梁之才。❹树楩楠：意为培育优秀人才。❺得一：即得道，语出《老子》第三十九章。函三：包含天、地、人三气。❻八宝：藏传佛教中

清吴友如绘《古今人物图》之《草圣挥毫》，描绘张旭用头发蘸墨写字的场景

八种表示吉庆祥瑞的宝物，常作为装饰纹样。❼双珠玳瑁簪：语出汉乐府《有所思》，指用玳瑁做的有两个珠子的簪子。❽萧王待士心惟赤：东汉刘秀起兵时被刘玄封为萧王，对前来归顺的人赤诚相待。❾卢相欺君面独蓝：唐代宰相卢杞貌丑而心险，史称“鬼貌蓝色”。❿“贾岛诗狂”句：唐代诗人贾岛作诗推敲的故事。⓫“张颠草圣”句：唐张旭善草书，醉后以头蘸墨写字，人称“张颠”。

故事

贾岛推敲

唐代诗人贾岛进京参加科举考试时，有一天骑驴外出，路上想起两句诗：“鸟宿池边树，僧敲月下门。”他反复琢磨，想把“敲”字改成“推”字，但一时拿不定主意。他骑在驴上苦苦思索，不自觉地用手做着“推门”和“敲门”的动作。这时，京兆尹韩愈的车驾从这里经过，韩愈问明原委，思考了一会儿说：“还是用‘敲’字好。”贾岛点头同意，从此与韩愈成为朋友。

清任伯年绘《贾舍人驴背敲诗》图，描绘贾岛骑在驴背上细心推敲诗句的场景

原文

wén duì jiàn jiě duì ān sān jú duì shuāng gān
闻对见，解对谙[1]。三橘对双柑[2]。

huáng tóng duì bái sǒu jìng nǚ duì qí nán
黄童对白叟[3]，静女对奇男[4]。

qiū qī qī jìng sān sān hǎi sè duì shān lán
秋七七[5]，径三三[6]。海色对山岚[7]。

luán shēng hé huì huì hǔ shì zhèng dān dān
鸾声何哕哕[8]，虎视正眈眈[9]。

yí fēng jiāng lì zhī ní fǔ hán gǔ guān rén shí lǎo dān
仪封疆吏知尼父[10]，函谷关人识老聃[11]。

jiāng xiàng guī chí zhǐ shuǐ zì méng zhēn shì zhǐ
江相归池，止水自盟真是止[12]；

wú gōng zuò zǎi tān quán suī yǐn yì hé tān
吴公作宰，贪泉虽饮亦何贪[13]。

清人仿唐吴道子所绘《孔子行教像》

注释

❶谙：知道，了解。❷双柑：南宋隐士戴颙常带两个蜜橘、一斗酒，到林中听黄鹂叫声。❸黄童：儿童头发黄，故称。白叟：白发老人。❹静女：娴静的女子。❺秋七七：唐代道士殷七七曾在秋天作法，使杜鹃花开。❻径三三：晋陶渊明《种菊》诗："冶冶溶溶三径色，风风雨雨九秋时。"后以"径三三"指菊花。❼山岚：山中的雾气。❽哕哕：有节奏的铃声。❾眈眈：注视的样子。❿仪封疆吏知尼父：孔子至卫，仪邑边境官吏对其弟子说："天下没有德政很

久了，上天将借孔子宣扬大道。”⑪函谷关人识老聃：老子见周朝衰微，西出函谷关，令尹喜知其才德，留他著《道德经》五千言。⑫“江相归池”句：南宋宰相江万里听说襄阳失守，在自家花园挖池塘名“止水”，宋亡，江万里投止水殉国。⑬“吴公作宰”句：晋吴隐之任广州刺史，饮贪泉而不贪的故事。

元赵孟頫绘老子画像

故事

老子出关

老子是道家创始人，曾任东周王朝“守藏室之史”，掌管图书典籍。相传孔子曾向他问过“礼”，他给孔子讲了很多深奥的道理，孔子深为佩服。后来，老子见周朝衰微，便离开周朝西走，到达函谷关时，关令尹喜知道老子的才德，对他说：“您就要隐退了，帮我们写一部书吧！”老子写下《道德经》后，便不知所终。《道德经》是中国古代道家的主要经典，内容丰富，思想深邃（suì），说理透彻，思想辩证，文字隽永，在中国思想文化发展史上占有重要地位。

明关九思绘《老子出关图》

shí sì yán
十四盐

kuān duì měng lěng duì yán qīng zhí duì zūn yán
宽对猛，冷对炎。清直对尊严。

yún tóu duì yǔ jiǎo hè fà duì lóng rán
云头对雨脚❶，鹤发对龙髯❷。

fěng tái jiàn sù táng lián bǎo tài duì míngqiān
风台谏❸，肃堂廉❹。保泰对鸣谦❺。

wǔ hú guī fàn lǐ sān jìng yǐn táo qián
五湖归范蠡❻，三径隐陶潜❼。

yí jiàn chénggōng kān pèi yìn bǎi qián mǎn guà biàn chuí lián
一剑成功堪佩印❽，百钱满卦便垂帘❾。

zhuó jiǔ tíng bēi róng wǒ bàn hān chóu jì yǐn
浊酒停杯，容我半酣愁际饮❿；

hǎo huā bàng zuò kàn tā wēi xiào wù shí niān
好花傍座，看他微笑悟时拈⓫。

清人绘范蠡画像

注释

❶云头：成朵的云。雨脚：密集落地的雨点。❷鹤发：白发。龙髯：龙的胡须。❸风：通“讽”，劝谏。台谏：台官和谏官，负责监察、弹劾。❹肃：庄重，严肃。堂廉：殿堂的侧面，借指朝廷。❺保泰：保持安泰的局面。鸣谦：以谦虚的品德为人所知。❻五湖归范蠡：春秋范蠡助勾践灭吴后，退隐江湖。❼三径隐陶潜：三径，指归隐者的家园。陶渊明

明丁云鹏绘《释迦牟尼像》

《归去来辞》：“三径就荒，松竹犹存。”❽一剑成功堪佩印：战国苏秦曾佩一剑游说列国合纵，最终身佩六国相印。❾百钱满卦便垂帘：汉代严遵隐居成都，以算卦为生，每天赚够百钱就垂下帘子收摊。❿半酣：酒喝到一半。⓫微笑：相传灵山会上，释迦牟尼佛拈花示众，唯独迦叶一人微笑，对佛的旨意有所领悟。

故事

范蠡归隐

春秋时，范蠡帮助越王勾践打败吴国后，立刻离开越国。他从齐国写信给大夫文种说：“飞鸟射杀完了，好的弓箭就会被收起来；狡猾的兔子捕完了，猎狗就会被煮掉。越王为人阴险，工于心计，此人可以共患难，却不能同享乐。你为什么还不赶快离开呢？”文种收到信后便称病不上朝，但最终仍未逃脱赐死的命运。范蠡离开越国后，隐姓埋名，泛舟五湖，后来经商致富，定居陶（今山东定陶西北），人称“陶朱公”。

明佚名撰《新镌陈眉公先生批点春秋列国志传》插图《范蠡扁舟归五湖》，讲述范蠡帮助勾践灭吴后，辞官归隐，泛迹五湖，最后经商致富的故事

原文

lián duì duàn　jiǎn duì tiān　dàn bó duì ān tián
连对断，减对添。淡泊对安恬❶。

huí tóu duì jí mù　shuǐ dǐ duì shān jiān
回头对极目❷，水底对山尖。

yāo niǎoniǎo　shǒuxiānxiān　fèng bǔ duì luánzhān
腰袅袅❸，手纤纤❹。凤卜对鸾占❺。

kāi tián duōzhòng sù　zhǔ hǎi jìn chéng yán
开田多种粟，煮海尽成盐❻。

jū tóng jiǔ shì zhānggōng yì　ēn jǐ qiān rén fàn zhòngyān
居同九世张公艺❼，恩给千人范仲淹❽。

xiāonòngfèng lái　qín nǚ yǒu yuánnéng kuà yǔ
箫弄凤来，秦女有缘能跨羽❾；

dǐngchénglóng qù　xuānchén wú jì dé pān rán
鼎成龙去，轩臣无计得攀髯❿。

注释

明人绘黄帝画像

❶安恬：安详恬淡。❷极目：用尽目力远望。❸袅袅：纤长柔美的样子。❹纤纤：细长而柔美。❺凤卜、鸾占：意思相同，指选择女婿。❻煮海：煮海水为盐。❼居同九世张公艺：唐代张公艺长寿，九世同堂而居，唐高宗问他长寿秘诀，他写了一百个“忍”字呈上。❽恩给千人范仲淹：北宋范仲淹买良田千亩，建立义庄，接济贫困的亲族。❾“箫弄凤来”句：秦穆公女儿弄玉与萧史吹箫引凤，最终成仙的故事。❿“鼎成龙去”句：传说黄帝采首山之铜，在荆山下铸鼎。鼎成后，黄帝骑到龙身上升天。一些小臣想攀龙须而上，结

果扯断龙须，掉落在地，连黄帝的弓也掉了下来。

故事

仁德传家

清人绘《历代名臣像解》中的范仲淹画像

范仲淹是北宋政治家、文学家，读书时虽然穷苦，心里却想着救济众人。做了宰相后，便把俸禄全部拿出来购置义田，赡养宗族中贫寒之人。他买了苏州南园作为住宅，听说这里风水极好，便将房子捐出来作学宫。范仲淹出将入相几十年，所得俸禄多用作布施救济之用，因此家用极为节俭，死的时候甚至连丧葬费都不够。他的几个儿子虽然位列公卿，但能继承父亲的传统，仁德传家，所得俸禄也多用于救济众人。

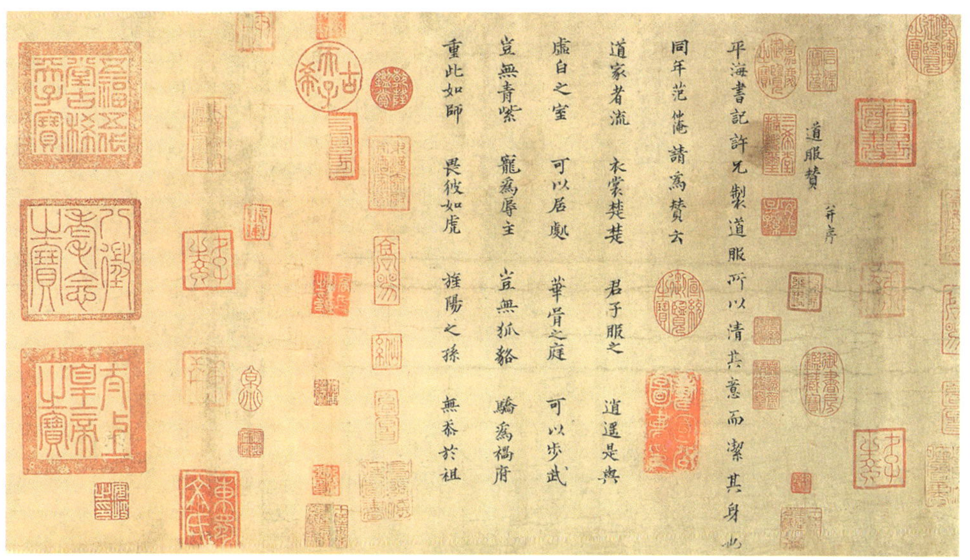
道服贊 并序
平海書記許兄製道服所以清其意而潔其身也
同年范仲淹請爲贊云
道家者流 衣裳楚楚 君子服之 逍遥是與
虚白之室 可以居處 華胥之庭 可以步武
豈無青紫 寵爲辱主 豈無狐貉 驕爲禍府
重此如師 畏彼如虎 旌陽之孫 無忝於祖

范仲淹手书《道服赞》并序

原文

rén duì jǐ　ài duì xián　jǔ zhǐ duì guānzhān
人对己，爱对嫌。举止对观瞻❶。

sì zhī duì sān yǔ　yì zhèng duì cí yán
四知对三语❷，义正对辞严。

qín xuě àn　kè fēng yán　lòu jiàn duì shū jiān
勤雪案❸，课风檐❹。漏箭对书笺❺。

wén fán guī tǎ jì　tǐ yàn bié xiāng lián
文繁归獭祭❻，体艳别香奁❼。

zuó yè tí shī gēng yí zì　zǎo chūn lái yàn juǎn chóng lián
昨夜题诗更一字❽，早春来燕卷重帘。

shī yǐ shǐ míng　chóu lǐ bēi gē huái dù fǔ
诗以史名，愁里悲歌怀杜甫❾；

bǐ jīng rén suǒ　mèng zhōng xiǎn huì lǎo jiāng yān
笔经人索，梦中显晦老江淹❿。

清任伯年绘《映雪读书图》（局部）

注释

❶观瞻：观看，瞻望。❷四知：东汉杨震昏夜四知，拒收黄金的故事。三语：晋王衍一次问阮修儒家与道家有什么同与不同。阮修回答："将无同（差不多）。"王衍任命他为掾官，人称"三语掾"。❸勤雪案：在落满雪的桌子上勤学。❹课风檐：在风中的屋檐下学习。❺漏箭：漏壶的指针。书笺：书签。❻文繁归獭祭：唐代诗人李商隐爱用典故，常把书排在一旁，像水獭祭鱼一样，人称"獭祭"。❼体艳别香奁：唐代诗人韩偓写了很多妇女题材的诗，被称为"香奁体"。❽昨夜

题诗更一字：唐代诗僧齐己与诗人郑谷间“一字师”的故事。❾“诗以史名”句：唐杜甫诗感伤时事，被称为“诗史”。❿“笔经人索”句：南朝梁江淹梦中被索五色笔，江郎才尽的故事。

清殿藏本杜甫画像

故事

一字之师

唐朝时，齐己学识渊博，能诗善文。一年冬天的早晨，他写了一首《早梅》诗，其中两句是“前村深雪里，昨夜数枝开”。诗写好后，有人建议他拿给郑谷去看看，因为郑谷的诗用词准确生动。齐己带着《早梅》诗拜见郑谷，郑谷看后说：“诗写早梅，‘数枝’没有表现出梅花开放早的意思，不如改为‘一枝’更好些。”齐己听后，十分佩服，称郑谷为老师。人们觉得郑谷只替齐己改了一个字，全诗就显得更准确生动，因此都说郑谷是齐己的“一字师”。

明王榖祥绘《梅花图》

原文

十五咸

shí wǔ xián

zāi duì zhí tì duì shān èr bó duì sān jiān
栽对植，薙对芟❶。二伯对三监❷。

cháochén duì guó lǎo zhí shì duì guānxián
朝臣对国老❸，职事对官衔。

lù yǔ yǔ tù chánchán qǐ dú duì kāi jiān
鹿麌麌❹，兔毚毚❺。启牍对开缄❻。

lǜ yángyīng xiànhuǎn hóngxìng yàn ní nán
绿杨莺睍睆❼，红杏燕呢喃❽。

bàn lí bái jiǔ yú táo lìng yì zhěnhuángliáng dù lǚ yán
半篱白酒娱陶令❾，一枕黄粱度吕岩❿。

jiǔ xià yán biāo cháng rì fēngtíng liú kè jì
九夏炎飙，长日风亭留客骑⓫；

sān dōng hán liè màntiān xuě làng zhù zhēng fān
三冬寒冽，漫天雪浪驻征帆⓬。

清沈铨绘《双兔图》（局部）

注释

❶薙、芟：都是除去杂草的意思。❷二伯：西周初年，辅佐年幼成王掌管国政的周公和召公。三监：武王灭商后，把商纣王的儿子武庚封在商都，并派弟弟管叔、蔡叔和霍叔去监督他，史称“三监”。❸国老：退休的大臣。❹麌麌：兽群聚集的样子。❺毚毚：狡猾，一般用于形容兔子。❻启牍、开缄：都是开启信件的意思。❼睍

晥：声音清和圆润。❽呢喃：燕子的叫声。❾半篱白酒娱陶令：东晋陶渊明做过彭泽令，喜欢饮酒和种菊。半篱，代指菊花。❿一枕黄粱度吕岩：黄粱一梦的故事，原故事中的吕翁被后人附会成八仙中的吕岩。⓫九夏：夏天。炎飙：炎热的疾风。⓬寒冽：极冷。驻：止住，阻止。

清人绘周公画像

三监之乱

周武王灭商后，为了治理殷遗民，把商朝旧都封给纣王的儿子武庚。为了监视武庚，以殷都以东为卫，由武王的弟弟管叔监管；殷都以西为鄘（yōng），由武王的弟弟蔡叔监管；殷都以北为邶（bèi），由武王的弟弟霍叔监管，总称“三监”。因成王年幼，周公摄政，管叔、蔡叔、霍叔不服，扬言周公将不利于成王，联合武庚和东夷各族发动叛乱。周公率军东征，历经三年，平定叛乱。之后营建东都雒（luò）邑，迁殷遗民于此进行管理，从而巩固了周朝基业。

清末《钦定书经图说·金縢》一章中的《罪人斯得图》，描绘周公平定武庚和武王三个弟弟叛乱后的场景

原文

wú duì qǐ　bǎi duì shān　xià hù duì sháoxián
梧对杞，柏对杉。夏濩对韶咸[1]。

jiàn chán duì zhēn wěi　gǒng luò duì xiáo hán
涧瀍对溱洧[2]，巩洛对崤函[3]。

cáng shū dòng　bì zhào yán　tuō sú duì chāo fán
藏书洞[4]，避诏岩[5]。脱俗对超凡。

xián rén xiū xiàn mèi　zhèng shì jí gōngchán
贤人羞献媚，正士嫉工谗[6]。

bà yuè móuchén tuī shào bó　zuǒ táng fān jiàngzhòng hún jiān
霸越谋臣推少伯[7]，佐唐藩将重浑瑊[8]。

yè xià kuángshēng　jié gǔ sān zhuā xiū jǐn ǎo
邺下狂生，羯鼓三挝羞锦袄[9]；

jiāngzhōu sī mǎ　pí pá yì qǔ shī qīngshān
江州司马，琵琶一曲湿青衫[10]。

南宋马麟绘夏禹画像

注释

❶夏：禹时的乐曲名。濩：商汤时的乐曲名。韶：虞舜时的乐曲名。咸：帝尧时的乐曲名。❷涧瀍：注入洛水的两条水名。溱洧：溱水和洧水，在今河南。❸巩：古国名，在今河南巩县境内。洛：洛阳。崤：崤山。函：函谷关。❹藏书洞：今湖南阮陵县西北小酉山上的石洞，相传秦时在此藏书千卷。❺避诏岩：在华山南峰天门西北，为宋代隐士陈抟躲避皇帝征召之处。❻工谗：善于在背后说人坏话。❼少伯：范蠡，字少伯，在

越国称霸中居功至伟。❽浑瑊：唐代将领，在平定安史之乱中立有战功。❾“邺下狂生”句：三国祢衡击鼓骂曹的故事。❿“江州司马”句：唐代诗人白居易被贬为江州司马，在浔阳江上遇到商人之妇弹奏琵琶，深受触动，写下《琵琶行》。

明仇英绘《人物故事图册》之《浔阳琵琶》，描绘白居易在船中听琴的场景

故事

击鼓骂曹

祢（mí）衡是东汉末年才子，性情狂傲，常常当面羞辱权贵，不留情面。曹操听说祢衡擅长击鼓，便任命他为鼓吏，并大会宾客，考核他的水平。当时有一个规定，凡是被考核的人，都要脱去身上衣服，换上一种帛绢制的衣服。祢衡当着大家的面先脱掉外衣，再脱掉里面的衣服，裸身站在那里，慢慢戴上帽子，穿上帛绢制的衣服，之后敲击《渔阳三挝（zhuā）》，脸上没有丝毫羞愧的神色。曹操笑着说：“本来想羞辱祢衡，没想到反被祢衡羞辱了。”

清木年画《击鼓骂曹》，讲述曹操命祢衡击鼓取乐，祢衡却脱衣击鼓骂曹的故事

原文

páo duì hù　lǚ duì shān　pǐ mǎ duì gū fān
袍对笏❶，履对衫。匹马对孤帆。

zhuó mó duì diāo lòu　kè huá duì juānchán
琢磨对雕镂❷，刻划对镌镵❸。

xīng běi gǒng　rì xī xián　zhī lòu duì dǐngchán
星北拱❹，日西衔❺。卮漏对鼎馋❻。

jiāngbiānshēng dù ruò　hǎi wài shù dū xián
江边生杜若❼，海外树都咸❽。

dàn dé huī huī cún lì rèn　hé xū duō duō dá kōnghán
但得恢恢存利刃❾，何须咄咄达空函❿。

cǎi fèng zhī yīn　yuè diǎn hòu kuí xū jiǔ zòu
彩凤知音，乐典后夔须九奏⓫；

jīn rén shǒu kǒu　shèng rú ní fǔ yì sān jiān
金人守口，圣如尼父亦三缄⓬。

注释

❶笏：古代大臣上朝时拿的手板，用玉、象牙或竹片制成。❷雕镂：雕琢镂刻。❸镌镵：雕凿，刻划。❹星北拱：古人认为群星都围绕着北极星分布。❺日西衔：太阳将从西边落下。❻卮漏：即漏卮，底上有孔的酒器。鼎馋：即馋鼎，春秋时鲁国的一个鼎名。❼杜若：香草名。❽都咸：果树名。❾但得恢恢存利刃：庖丁解牛，刀用了十九年，还像新的一样。❿何须咄咄达空函：晋代殷浩被罢免后，整日用手比画“咄咄怪事”四个字。桓

东汉画像石中的《北斗星象图》

清张崟绘《山静日长图》

温写信说推荐他做尚书令，殷浩大喜过望，回信时却寄出一个空信封，令桓温不悦，两人从此断了来往。⑪“彩凤知音”句：传说后夔是帝舜时乐官，凤凰能听懂音乐，但必须后夔将《箫韶》演奏九遍才会出现。⑫“金人守口”句：孔子入周太庙，见金人背后铭文，三缄其口。

山东曲阜衍圣公府藏明人绘孔子画像

三缄其口

春秋时，孔子去参观周王祖庙，看到庙堂殿前右侧台阶上立有一个铜人。铜人嘴上贴着三道封条，背上刻着铭文，意思是说：这铜人是古代说话最谨慎的人。谨慎啊，谨慎啊！不要多说话，多说话就会招致失败。如果能谨慎地管住自己的口，就会带来很大的福气。孔子对身旁的弟子说：“这话说得很实在，符合中道，近乎人情，如果能够这么做的话，你的口就不会召来灾祸。”后以此语形容言语极为谨慎，不肯或不敢开口讲话。

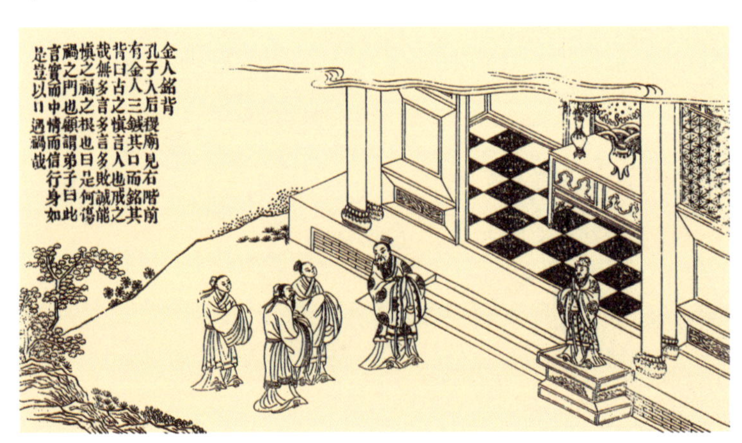

清刻本《孔子圣迹图》之《金人铭背》，描绘孔子与学生在周庙见到金人后进行讨论的场景

明焦竑著《养正图解》中的插图《金人示戒》，描绘孔子与弟子在周庙中见到金人时的场景